法律常识
一本全

春之霖　编著

中华工商联合出版社

前言

　　法律常识是我们必知的，跟日常生活、工作和权益密切相关的法律知识，是我们应该且必须掌握的基本常识。了解一些基本的法律常识，也就是我们通常所说的"懂法"，我们才能明确哪些行为是合法的、哪些行为是违法的、哪些权利是受保护的、哪些责任是必须承担的，从而规范行为，明白生活，理智处事，合法维权。

　　在法治时代，法律常识是大众生活的"日常必需品"，因为法律已经渗透到我们日常生活中的各个方面。衣食住行、理财消费、生老病死、教育就业、创业投资、借贷租赁、写作发明、邻里关系，无一不处在法律的规范之下；男女老少、学商工农、开车族、打工族，每个人的言语行为都受到法律的约束和规范。懂法，便眼明心亮，能洞察社会上的大事小情，懂得规避风险，在处理各类纠纷时能够依法维护切身利益，在社会中生活得游刃有余。如今，"有理走遍天下"的说法已经行不通了，只有懂法守法才能走遍天下。当你帮他人照看的物品丢失，你需要赔偿时；当你好心把钱借给邻居，几年后却被邻居告知这笔钱不用再还时，你是否大吃一惊？是否感到有理无处诉？如果你不掌握生活中必备的法律常识，你终将为自己的无知埋单。

不懂法律常识，会在工作、生活中埋下很多隐患，甚至发生非常严重的后果。官员不懂法，则玩忽职守，贪污受贿；老板不懂法，则经营风险陡增，断送企业前途；企业员工不懂法，则自身权益得不到保障；青少年不懂法，则容易莽撞行事，酿成悲剧……不懂法就如同"盲人骑瞎马，夜半临深渊"，小则损失钱物，大则危及生命安全；不懂法也可能会让我们掉入他人设置的陷阱，越过合法行为的边界，受到法律制裁。我们常说"不知者不为过"，但情容法不容，一旦触及法律，这句话并不能成为免责的依据和理由，因为法院宣判是"以事实为依据，以法律为准绳"的。总之，懂法，才能增强法律意识，才能守法用法，以法护身；不懂法，则法律意识淡薄，容易以身触法，害己害人。有一段"普法三字经"说得好："不懂法，害处大；如盲人，骑瞎马；学法规，长知识；心明亮，走天下。"

为了帮助读者轻松掌握日常必知必备的法律常识，《法律常识一本全》汇总了与我们的生活息息相关的诸多法律常识，通过"案例""法律解析""法条链接"3个板块，对我们在婚姻家庭、遗产继承、合同纠纷、物业纠纷、房屋买卖租赁、交通事故、医疗事故、工伤赔偿、消费理财、诉讼程序、网络安全等方面经常遇到的法律问题进行解答，使我们快速、便捷地找到法律上的解决办法，成功运用法律这一武器维护我们的合法权益，是个人、家庭、企业必备的法律工具书。

目录

C O N T E N T S

民事权益篇 民事权益与民事活动

婚姻家庭篇 为家撑起保护伞

遗产继承篇 指点迷津

合同篇 理智交易 警惕陷阱

物权篇 私有财产不容侵犯

劳动保障篇 维护你的职场权益

诉讼篇 教你怎样打官司

房产车产篇 安居乐业

网络安全篇 遵纪守法，提高防范意识

序篇

民法典颁布后新旧法衔接要点

　　民法典被称为"社会生活百科全书"，主要用于保护公民的民事权利，是保障人民私权的基本法。先后经过了五次编纂，更新内容涵盖了近年来社会上讨论较多的话题及存在较大争议的内容。无论是生老病死、衣食住行、家庭婚姻，还是消费借贷、生产生活等方面的问题，每个人终其一生，都能从里面找到答案。

　　民法典共7编，依次为总则编、物权编、合同编、人格权编、婚姻家庭编、继承编、侵权责任编。它出台之后，部分现行的相关法律已同时废止，包括《婚姻法》《继承法》《民法通则》《收养法》《担保法》《合同法》《物权法》《侵权责任法》《民法总则》，共9部法律。可谓是一法出，九法废。

　　不过民法典虽然内容规范系统，但却不是对现存9部法律的所有内容都作了修改。从理解学习民法典的角度而言，以前的案例仍旧具有教育意义。民法典在相当程度上保持了现行民事法律的稳定性和延续性，避免了因民法典的实施给司法实践带来过大的冲击和不适。据统计，民法典1260个条文中，保留条文占36.3%，新增条文占11.7%，实质性修改条文占19.5%，非实质性修改条文占32.5%。而真正作出实质性修改的内容，我们将在下面列出部分要点，帮助读者更加便捷地了解这些重要的改动，以期读者在面对相应情况时能够做出正确的选择。

总则编：提纲挈领，体现时代精神

第一编"总则"规定民事活动必须遵循的基本原则和一般性规则，统领民法典各分编。第一编基本保持现行民法总则的结构和内容不变，根据法典编纂体系化要求对个别条款作了文字修改，并将"附则"部分移到民法典的最后。

要点一：将"弘扬社会主义核心价值观"作为一项重要立法目的。（第一条）

社会主义核心价值观融入了民法典的编纂全过程，是民法典之魂。践行社会主义核心价值观，在整个民法典中有充分的体现。一部民法典，让司法有力量，有温度，有是非，有保障。

要点二：确立了平等、自愿、公平、诚信、守法和公序良俗等民法基本原则。（第四条至第八条）

民法典集中规定了所有民事主体与民事活动都要遵守的原则和规则。在总则编确立了平等、自愿、公平、诚信、守法与公序良俗、绿色六项民法基本原则，突出强调公序良俗原则，要求民事主体从事民事活动不得违反法律和公序良俗。

要点三：将绿色原则确立为民法的基本原则。（第九条）

民事主体从事民事活动，应当有利于节约资源、保护生态环境。这条被称为绿色原则的法条是对我国生态建设作出的积极回应。

要点四：八周岁孩子可以"打酱油"。（第十九条）

以年龄来划界的限制民事行为能力人的年龄下调为八周岁。八周岁以上的未成年人为限制民事行为能力人，实施民事法律行为由其法定代理人代理或者经其法定代理人同意、追认，但是八周岁孩子可从事与其智力相关的民事行为。

要点五：胎儿有权利继承遗产、接受赠与等。（第十六条）

涉及遗产继承、接受赠与等胎儿利益保护的，胎儿视为具有民事权利能力。但是，胎儿娩出时为死体的，其民事权利能力自始不存在。

要点六：失能老人须监护。（第二十二条）

失能老人是指失去行动能力或者生活自理能力的人，一般需要子女进行照顾才能生存。

要点七：数据、网络虚拟财产受法律保护，可以继承。

网络虚拟财产具有财产的特性，其被侵犯时依法应当受到保护。近年来，随着互联网的发展，网络游戏日渐盛行。网络游戏账号、网络游戏装备等也在玩家的时间、精力、金钱投入下具有了使用价值和交换价值，具备了财产属性。根据《民法典》规定，民事主体的财产权利受法律平等保护，当民事主体所有的数据、网络虚拟财产遭到非法侵犯时，法律同样提供保护。

要点八：见义勇为非重大过失，不承担民事责任。（第一百八十三条）

"扶不扶""救不救"等问题一度困扰公众，见义勇为时造成受助人损害，做了好事还要赔偿，让英雄"流血又流泪"。见义勇为可免责，因自愿实施紧急救助行为造成受助人损害的，救助人不必再承担民事责任。这与见义勇为行为的法律性质是相吻合的，有利于消除救助者的后顾之忧。

要点九：普通诉讼时效期间由两年延长为三年。（第一百八十八条）

由于诉讼时间过短造成的损失并不少见，例如，银行、金融机构等经常因为来不及请求、忘记或者举不出证据，导致一些贷款不能及时收回，造成了巨大的损失。延长诉讼时效，有利于保护债权人的利益。

要点十：未成年时遭受性侵害，年满 18 岁后还有追偿权。（第一百九十一条）

受中国传统观念影响，遭受性侵害的未成年人往往不敢、不愿寻求法律保护，从而导致加害人逃脱法律惩罚。针对此，法律规定，未成年人遭受性侵的，诉讼时效自受害人年满十八周岁之日起计算，可以在年满十八周岁后提起诉讼。

要点十一："特别法人"制度在总则编中的嵌入。（第一百零一条）

民法通则以"企业法人与非企业法人"为基本格局的法人分类体系已过时，特别法人制度入法有助于促进民法典法人制度理论的形式周全。这一称谓实质上应是开放性的，未来新生的、不可被明确纳入到营利法人与非营利法人范畴中的法人类型，均可被称为特别法人。

要点十二：个人信息和网络虚拟财产受保护。（第一百一十一条、第一百二十七条）

要点十三：扩大监护对象范围。（第二十一条、第二十二条）

监护的人群从未成年人和精神病人两类改为三类，将丧失或者部分丧失民事行为能力的成年人加入了监护范围而进行保护。监护对象范围的扩大，有利于加强对弱势群体的保护。

要点十四：民政部门可担任监护人。（第三十二条）

没有依法具有监护资格的人的，监护人由民政部门担任，也可以由具备履行监护职责条件的被监护人住所地的居民委员会、村民委员会担任。这将促使民政部门真正担负起监护人的职责，承担监护监督责任。

要点十五：成年人可协议确定监护人。（第三十三条）

成年人在自己身体健全、意识清楚的情况下，可将自己的日常生活、医疗护理、财产管理等事务提前以协议的形式，确定监护人。监护人既可以是亲友，也可以是社会保障机构。监护人在受托人丧失或者部分丧失行为能力时履行监护职责。这为无法依靠子女监护的老人和失独老人增添了一条合法现实的养老选择。

物权编：有恒产者有恒心

物权是民事主体依法享有的重要财产权。物权法律制度调整因物的归属和利用而产生的民事关系，是最重要的民事基本制度之一。第二编"物权"在现行物权法的基础上，按照党中央提出的完善产权保护制度，健全归属清晰、权责明确、保护严格、流转顺畅的现代产权制度的要求，结合现实需要，进一步完善了物权法律制度。

要点一：新设添附制度。一物一权，添附制度维护物的归属与经济价值。（第三百二十二条）

添附有加工、附合、混合三种形式，如物件加工、材料生产、房屋增建、房屋装修等。在添附制度下，在当事人没有约定且没有法律规定的情况下，应当"按照充分发挥物的效用以及保护无过错当事人的原则确定"，这就明确将物尽其用作为添附的情况下标的物所有权归属的确定标准。丧失所有权而受到损害的一方，可以通过侵权损害赔偿、不当得利返还等制度来获得救济，从而有效区分了物权制度中的所有权取得规则和债权制度中权利受到侵害后的救济规则。

要点二：加强了对建筑物业主权利的保护。（第二百八十二条）

适当降低业主作出决议的门槛，明确共有部分产生的收益属于业主共有。如建筑区划内停放汽车的车位、车库应首先满足业主的需要。占有业主共有的道路或者其他场地用于停放汽车的车位，属于业主共有。

要点三：明确地方政府有关部门、居民委员会应当对设立业主大会和选举业主委员会给予指导和协助。（第二百七十七条）

业主大会、业主委员会是业主自治的手段和工具，明确业主大会、业主委员会成立的具体条件，设立业主大会、业主委员会不需要政府批准，明确地方政府有关部门、居民委员会应当对设立业主大会和选举业主委员会给予指导和协助，降低业主共同决定事项的表决门槛。

要点四：明确居住权，实现"居者有其屋"，破解了业主维权与维修难题。（第三百六十六条至三百七十一条）

除明确住宅70年产权到期可自动续期外，在房屋所有权之外，增加规定"居住权"这一新型用益物权。明确居住权原则上无偿设立，居住权人有权按照合同约定或者遗嘱，经登记占有、使用他人的住宅，以满足居住需要。房子只要设立了"居住权"，即使没有房产证，也可长时间乃至终生居住。居住权的设立，贯彻了物尽其用的立法宗旨——让有限的资源最大程度地发挥其效用，有助于解决同居老人的需求和以房养老问题。重组家庭后，一旦婚姻出现裂痕，往往产生财产纠纷，签订婚前财产协议，可约定另一方享有居住权，而不用让出所有权。此外，有助于解决继承难题，如老人可订立遗嘱将房屋所有权给继承人，居住权给照顾自己的其他人。

要点五：住宅建设用地使用权期限届满的，自动续期。（第三百五十九条）

房屋产权包含房屋所有权和土地使用权两部分。从法律上讲，房屋所有权的期限是永久的，但土地使用权是有期限的。《物权法》第一百四十九条已经对住宅建设用地使用权续期作了规定，"住宅建设用地使用权期间届满的，自动续期"。民法典第三百五十九条在物权法规定的基础上，补充了"续期费用的缴纳或者减免，依照法律、行政法规的规定办理"。对于续期后是否需要缴纳土地出让金、缴纳标准和支付方式如何等问题予以明确，解开了很多买房人的心结。

要点六：完善建筑物区分所有权制度，打破业主自治僵局，增加规定紧急情况下使用维修资金的特别程序，打破维修资金"沉睡"状态，维修资金惠及业主。（第二百八十一条）

适当降低业主共同决定事项的门槛，针对维修资金的启用，降低了使用维修资金的决议门槛，打破了维修资金的"沉睡"状态，解决困扰业主公共维修资金启动难、使用难、监督难的老大难问题，并增加规定紧急情况下使用维修资金的特别程序，建筑物及其附属设施的维修资金的筹集、使用情况应当定期公布。

要点七：优化业主团体表决规则，鼓励业主参与自治。（第二百七十八条）

修改业主大会的议事规则，对业主大会表决规则作出了两个重要修改，适度降低决议通过门槛。根据共同决定事项对业主的利害关系与重要程度，将决议区分为特别决议与普通决议，并灵活设置不同的表决规则，特别决议需"双四分之三"，普通决议仅需"双过半"；计算表决比例时将参与表决的业主人数和专有部分面积作为计算基数，而不再以全体业主人数和全部专有面积作为计算基准。如此一来，将有效解决业主团体开会难、议事难、表决难的问题。

要点八：加强物权平等保护。（第二百零六条、第二百零七条）

市场经济的核心是公平竞争，国家依法保护各类市场主体参与竞争，创造公平的市场环境，尤其是民营企业的市场公平竞争；强化了对私人物权的保护。

要点九：在征用组织、个人的不动产或者动产的事由中增加"疫情防控"。（第二百四十五条）

将疫情防控作为因紧急需要征用不动产、动产的事由明确列出，是总结新冠疫情经验的体现。

要点十：落实承包地"三权分置"，土地经营权物权化。（第三百三十九条、第三百四十条、第三百四十一条、第三百四十七条）

贯彻土地承包经营权"三权分置"的改革成果，以法律形式固定和升级对"三权分置"的改革，使土地经营权受让人可以进一步盘活手中的土地经营权，不仅适应新形势下的生产力发展的需求，也最大限度的优化了农民的利益，保障农民的权益。删除了关于耕地使用权不得抵押的规定，明确土地承包经营权人可以自主决定依法采取出租、入股或者其他方式向他人流转土地经营权，使土地经营权流转形式多样化。土地经营权自由转让，使农村土地全面进入市场，村民可以将其抵押，进行贷款融资，增加融资功能，激发了市场活力。受让方取得土地经营权后，自主经营并获利，可更好地提高土地利用率，受让主体不再有限制，任何主体都可以成为受让者，城市居民可直接到农村租地经营。

要点十一：促进金融担保创新，助力优化营商环境，扩大担保范围，将非典型担保纳入担保体系。（第三百八十八条、第四百一十四条）

认同了司法实践中不违反法律、行政法规强制性规定的非典型担保合同有效，明确规定"其他具有担保功能的合同"亦属于担保合同，扩大担保合同的范围，完善了担保交易的相关规则，并注入了新的担保观念，对促进金融担保创新、繁荣金融市场发挥重大作用。

要点十二：缓和流（押）质条款无效规则，使各方权益获得平衡。（第四百零一条）

为了保护弱势债务人，防止债权人在债务人急迫窘况的境地中利用流（押）质条款谋取不正当利益，一方面，禁止抵押权人在债务履行期届满前与抵押人约定债务人不履行到期债务时抵押财产归债权人所有。另一方面，在流（押）质条款上更新了担保理念，明确了流（押）质条款存在时当事人对抵押财产的清算义务，既保障了担保物权人的优先受偿权，又保护了弱势债权人的利益。

要点十三：明确担保物权优先顺位规则，保障交易安全。（第四百一十四条至第四百一十六条）

完善了担保物权竞存规则，规定了抵押权人之间的竞存顺位规则、抵押权与质权的竞存规则，并引入"价金担保权"这一超级优先权。这一优先顺位规则的明确，在维护先顺位担保权人利益的同时，也保障后顺位担保权人的交易安全。

要点十四：放开对抵押物转让的限制，抵押物转让规则回归理性，提升交易效率。（第四百零六条）

规定"以动产抵押的，不得对抗正常经营活动中已经支付合理价款并取得抵押财产的买受人"，体现了动产担保中的正常经营买受人规则。抵押人转让抵押财产无需经抵押权人同意，抵押财产可自由转让，并且抵押权不受影响，贯彻了意思自治原则以及抵押权的追及效力。

要点十五：删除分散的登记机构规定，为统一动产担保公示留下空间。

删除了有关动产抵押和权利质押中各种具体登记机构的内容，已经为建立统一的动产融资担保公示制度留下了制度空间。有利于建立统一的动产融资公示制度，目前动产担保公示制度存在"九龙治水"的局面，交易的便捷性与效率受到影响。

要点十六：逐步走向动产质押和权利质押登记制度的统一。（第四百二十七条、第四百四十三条、第四百四十条）

删除了《物权法》中动产质押和权利质押具体登记机构的内容，为今后建立统一的动产质押和权利质押登记制度留下空间。

要点十七：完善了流抵押、流质的有关规定。（第四百零一条、第四百二十八条）

对流抵押、流质条款表述作了调整。抵押权人在债务履行期限届满前，与抵押人约定债务人不履行到期债务时抵押财产归债权人所有的，只能依法就抵押财产优先受偿。质权人在债务履行期限届满前，与出质人约定债务人不履行到期债务时质押财产归债权人所有的，只能依法就质押财产优先受偿。

要点十八：抵押物转让规则回归理性，提升交易效率。（第四百零四条、第四百零六条）

放开抵押物转让限制，抵押期间，抵押人将可转让抵押财产，对此前受让人乐于接受带抵押转让情形而抵押权未消灭情况下不得转让的情况作出了改变，尤其是在二手房地产交易领域。新规提高了融资便利度，方便抵押人融资，促进了抵押财产的流转，大大提升交易效率，节约了交易成本，提高了抵押财产的利用价值。

要点十九：限制了动产抵押权的效力。（第四百零四条）

以动产作为抵押，不得对抗正常经营活动中已经支付合理价款并取得抵押财产的买受人。保护了善意取得财产人的合法权益，保障了正常的交易安全。

要点二十：简化抵押合同和质押合同的一般条款。（第一百八十五条、

第二百一十条、第四百条、第四百二十七条）

简化了抵押合同和质押合同的一般条款，不再要求对质量、状况、所在地、所有权归属等内容进行约定。

要点二十一：完善"抵押不破租赁"的规则，确立了"出租在先＋转移占有"的双重条件。（第四百零五条）

确立了"出租在先＋转移占有"的双重条件，预防在先租后抵的情况下，由于抵押不破租赁原则的漏洞而发生抵押人与第三人倒签租赁合同、损害抵押权人利益的情形。债权人在设定抵押时应当至抵押财产所在地确认抵押财产是否处于出租状态并采取拍照等方式予以固定，以免处置抵押财产时受到不利影响。

要点二十二：改变抵押财产转让规则，确认抵押权的追及效力。（第四百零六条）

抵押人可以转让抵押财产，无需征得抵押权人同意，并确认了抵押权的追及效力。

要点二十三：明确实现担保物权的统一受偿规则。（第四百一十四条）

删去了《物权法》第一百九十九条第一款第（一）项"抵押权已登记的，按照登记的先后顺序清偿；顺序相同的，按照债权比例清偿"后句"顺序相同的，按照债权比例受偿"，因为在统一的电子化登记系统之中，各抵押权之间的登记先后可以明确地确定，已无"顺序相同"的情形。新增了第二款，只要是可以登记的担保物权，均可适用这一优先顺位规则，明确实现担保物权的统一受偿规则。

要点二十四：确立同一财产上抵押权、质权并存时的清偿规则。（第四百一十五条）

采纳了《九民会议纪要》的观点，据此确定同一财产既设立抵押权又设立质权的，拍卖、变卖该财产所得的价款按照登记、交付的时间先后确定清偿顺序。

要点二十五：完善按份共有人优先购买权的行使规则。（第三百零六条）

进一步细化了《物权法》按份共有人优先购买权的行使规则，依法保障按份共有人顺利实现其行使优先购买权的最终目的，即取得该共有财产份额。按份共有人优先购买权属于形成权，一经行使优先购买权，就在其他共有人与转让人之间成立以同等条件为内容的转让合同，其他共有人可以优先于第三人取得共有份额。

要点二十六：细化"住改商"规则。（第二百七十九条）

同一小区的业主，相互间形成紧密的共同体关系，"住改商"可能会影响业主生活安宁。对"住改商"明确其应经有利害关系的业主同意，这一规则的细化，能够化解相关争议，保障了业主的生活安宁。

要点二十七：规制了共有部分的利用。（第二百八十二条）

确定建设单位、物业服务企业、其他管理人等利用业主共有部分产生的收入在扣除成本后属于业主共有，符合业主共有权的本质。

要点二十八：新增购买价款抵押权的超级优先效力。

借鉴美国法律中的"价金债权担保优先权"，在买受人已经存在第三百九十六条规定的浮动抵押情形下，赋予了购买价款抵押权以超级优先效力，是登记在先规则的一种例外，目的在于充分保障出卖人的价款债权。对于出卖人来说，在买受人付清全部价款前，除了约定所有权保留外，又多了一种选择，可以对标的物设定抵押权。

要点二十九：扩大了集体所有土地的使用权的抵押范围。（第四百一十八条）

以集体所有土地的使用权依法抵押的，实现抵押权后，未经法定程序，不得改变土地所有权的性质和土地用途。

要点三十：完善了抵押财产被查封、扣押情形下最高额抵押的债权确定时间点。（第四百二十三条）

修复了《物权法》第二百零六条第四项的立法漏洞，将抵押权人知道或者应当知道抵押财产被查封、扣押作为最高额抵押的债权确定时间点，更为合理。

要点三十一：业主的相关行为应当符合节约资源、保护生态环境的要求。（第三百二十六条、第三百四十六条）

针对业主任意弃置垃圾、排放污染物、噪声扰民等时有发生的情况，规定用益物权人形式权利，应当遵守保护环境的规定。同时对建设用地使用权设立的绿色边界进行了划定，设立建设用地使用权应当符合节约资源、保护生态环境的要求，这些条款符合绿色原则的要求。

合同编：半壁江山，归于债法

合同制度是市场经济的基本法律制度。第三编"合同"在原合同法的基础上，贯彻全面深化改革的精神，坚持维护契约、平等交换、公平竞争，促进商品和要素自由流动，完善合同制度。

要点一：依法成立的合同，受法律保护。（第四百六十五条）

法律保护合同的有效性，合同依法成立生效后，对当事人即有了法律约束力。当事人应当按照合同约定履行各自的义务。如果一方不妥善履行，可以依照合同约定或法律规定保护守约当事人一方的权益。合同对当事人具有约束力，并通过合同的履行、保全、解除、违约责任等制度、规则，督促当事人遵守合同。

要点二：完善电子合同订立规则，增加了预约合同的具体规定，完善了格式条款制度等合同订立制度。（第四百九十五条至四百九十八条）

顺应数据化时代发展要求，完善电子合同订立及标的物的交付规范，奠定电子合同纠纷处理规则的基础，通过约束买卖双方的诚信行为，为电子商务及远程签约等提供有力的法律保障，让社会大众放心大胆理性消费，切实保障买卖双方的合法权益，推动网络贸易的良性发展。

要点三：新增国家订货合同制度。（第四百九十四条）

国家订货（订购）合同不同于民事合同中的买卖合同，行政机关的意思表示在其中起着主导作用，相对人必须认真完成合同中所规定的具体事项，不能拒绝。国家根据抢险救灾、疫情防控或者其他需要下达国家订货任务、指令性计划的，有关民事主体之间应当依照有关法律、行政法规规定的权利和义务订立合同。有利于调动各方面有关力量，有效保障疫情防控等工作有序进行。

要点四：格式条款的说明义务。（第四百九十六条第二款）

格式条款并非霸王条款，因当事人为了重复使用而预先拟定，在合同订立时未与对方协商的条款。遵循公平原则的格式合同，能有效提高合同的订立效率。本法条对提供格式条款一方提示对方注意的条款进行了扩大，从"免除或者限制其责任的条款"扩大至"与对方有重大利害关系的条款",并将"限制"改为"减轻"。比如在保险合同中,"有重大利害关系的条款",意即"免除保险人责任的条款"。

要点五:视为书面形式的"数据电文"开启无纸化时代。(第四百六十九条)

为适应时代需求,服务电子商务领域,新增了不少有关电子商务、电子合同的规定。针对电子合同本身所具有的无纸化、数据化等特点,融合《电子签名法》中有关数据电文的规定,进一步明确了可以视为书面形式的数据电文所具备的特点——能够有形表现所载内容,将以电子数据交换、电子邮件等方式呈现的数据电文视为书面形式,并可以随时调取查用。这对于判断是否符合书面形式的要件,合同是否成立等有了更加明确的标准。这意味着电子合同将逐步取代传统的书面纸质合同,合同的载体发生了质的飞跃,交易将更加高效、便捷,体现了网络时代的特征。

要点六:增加了互联网交易成立条件。(第四百九十一条第二款)

通过互联网方式订约的特别规则,对互联网方式订立的合同的成立时间和通过信息网络订立的电子合同标的物的交付时间作出了特别规定。

要点七:对商家的霸王条款说"不"。(第四百九十一条、第四百九十五条至第四百九十八条)

针对"禁止自带酒水""特价、促销商品概不退换"等霸王条款问题,民法典完善了格式条款制度。

要点八:针对时下流行的网购,确立电子合同的履行规则。(第五百一十二条、第二百二十四条、第六百零四条)

规定商品交付的方式和交付时间的确定要求,对数字产品如著作权、数据、网络虚拟财产等非实物商品的交付时间进行确定,允许电子合同当事人对商品或服务的方式和时间另行约定。对网购当事人负有交付义务的一方按约定履约及承担违约责任具有重要意义。

要点九:明确规定选择之债。(第五百一十五条至第五百二十一条)

分别规定了选择之债、按份之债、连带之债,值得注意的是,在没有约定时,首先由债权人选择履行标的,债权人不及时选择时,选择权转移给债务人。

要点十：完善利益第三人合同的规则，建立利益第三人加入合同制度，加大了对第三人权利的保护。（第五百二十二条）

新增适应现实中大量第三人加入合同的趋势，建立利益第三人加入合同制度，规定了第三人所享有的履行请求权以及在债务人不履行债务时的违约责任请求权。加大了对第三人权利的保护，扩大交易主体实现权利的途径和灵活度，维护了交易安全。这里的第三人实际上处于一种类似于债权人的地位，在一定程度上突破了合同相对性。规定了真正的利益第三人合同，其中该条第二款规定了利益第三人合同中第三人所享有的拒绝权、履行请求权以及在债务人不履行债务时的违约责任请求权。

要点十一：增加规定情势变更制度，不再强调"非不可抗力"。（第五百三十三条）

受特定原因如新冠肺炎疫情的影响，诸多合同难以履行，既属于不可抗力，也有因当事人的行为而构成当事人违约，还有因情势变更这种非当事人的原因导致合同不能履行，此时当事人不构成违约。明确"情势变更"，为处理合同履行过程中的情势变更情形提供了新的依据，有利于保障合同签订人的合法权益。

要点十二：完善合同保全制度。（第五百三十七条、第五百三十九条）

合同的保全专章在合同法对合同保全制度规定的基础上，进行细化和完善而形成，更好地保障了债权的实现，维护债权人利益，进一步扩大了债权人行使撤销权的情形。新规定了代位权行使后的法律效果，即债权人与债务人之间、债务人与相对人之间的相对应的权利义务终止，而债权人与相对人之间建立起了新的债权债务关系。扩大了可代位行使债务人权利的范围和债权人行使撤销权的情形，维护了债权人的合法权利，保障了债权的实现。

要点十三：对债权人代位权进行修改。（第五百三十五条）

将债权人可行使代位权的权利由到期债权扩展至"债权"（不强调是否已到期）及"有关的从权利"，如担保物权、主张保证人承担保证责任等；将债权人行使撤销权的前提条件之一由"对债权人造成损害"这一模糊的表述明确地表达为"影响债权人的到期债权的实现"。

要点十四：与债权有关的从权利一并转让。（第五百四十七条）

明确从权力的转移系随债权自然转移，不受登记或占有的影响。

要点十五：新增债务人抵销权（第五百四十九条）

债务人的债权与转让的债权基于同一合同产生。在双务合同中，即使转让人转让了债权，债务人也可以向受让人主张转让人对其存在双务合同相关义务以进行抵销。

要点十六：第三人加入债务（第五百五十二条）

第三人加入债务时应有与债务人加入债务的约定或向债权人表示愿意加入债务的意思表示，通知后债权人未在合理期限内明确拒绝视为同意，加入后债务人的责任类型为连带债务。

要点十七：以持续履行的债务为内容的不定期合同，当事人可以随时解除。（第五百六十三条、第五百六十四条）

以持续履行的债务为内容的不定期合同，当事人可以随时解除合同，但是应当在合理期限之前通知对方。在当事人没有约定合同解除权的行使期限的情况下，自解除权人知道或者应当知道解除事由之日起一年的时间，没有行使的话，该权利消灭。

要点十八：明确（非金钱债务）违约方的合同解除权。（第五百八十条）

合同法定解除权通常由非违约方享有，这样有利于贯彻合同严守原则，减少道德风险，有利于防止违约方从合同解除中获利。但在出现合同履行困境的情况下，如因不可抗力等事由导致合同不能履行；当事人在缔约后均无履约意愿，彼此均未请求对方履行；一方认为其已丧失了取得对待给付的利益，不愿继续履行合同，但他方因从对待给付中可获得履行利益，强烈坚持履行合同等形式僵局或实质上的合同僵局情况时，违约方可以向法院提出解除合同的请求，以使当事人摆脱合同束缚。

要点十九：无权处分的买卖合同也有效。（第五百九十七条）

无权处分的买卖合同也是有效的。若是因为没有取得所有权或者处分权而导致合同约定的标的物无法发生转移，买受人不能确认合同无效，可以请求解除合同并要求出卖人承担违约损害赔偿责任。这既可以保护买受人，又惩罚了此类无权处分行为。此规定对于所有权者而言也没有不利，只有在第三人符合善意取得的条件时，才能阻断所有权人物权追及效力。如无权处分的标的物已经交付或转移占有于买受人，所有权人可以请求返还原物。

要点二十：分期付款的法定解除权新增了合理期限。（第六百三十四条）

合同有协商解除、约定解除与法定解除三种解除方式。法定解除权是法律赋予非违约方的一项权利。买受人未支付到期价款的数额达全部价款的五分之一，经催告后在合理期限内仍未支付到期价款的，出卖人享有请求买受人支付全部价款或解除合同的权利。分期付款情况下解除合同，属于第五百六十三条第五款"法律规定的其他情形"的内容。据此，买家分期付款欠两成或以上，卖家可解除合同收回商品。

要点二十一：所有权保留登记对抗制度（第六百四十一条）

在买卖合同中出卖人约定标的物所有权保留的，但是未经登记，出卖人不得对抗善意第三人。

要点二十二：在不可撤销的赠与情形中增加"助残"。（第六百五十八条）

将助残性赠与合同规定为"不可撤销的赠与合同"的法定情形，积极引导支持社会公益事业的良好风尚，由于某些沽名钓誉、大开空头支票、诺而不捐、口惠而实不至的企业和所谓的"爱心人士"虚假助残，破坏了残疾人公益事业的良好形象。新法条强化了与残疾人有关的社会责任，切实在法律层面上维护残疾人的民事权利。

要点二十三：网贷被套路不用怕。（第六百八十条第一款）

针对"校园贷""套路贷"问题频发，对高利放贷问题从上位法的高度进行规制，明确规定禁止高利放贷，借款的利率不得违反国家有关规定。

要点二十四：增加保证合同、保理合同、物业服务合同、合伙合同4种典型合同。（第六百八十一条至第七百零二条、第七百六十一条至七百六十九条、第九百三十七条至九百五十条、第九百六十七条至第九百七十八条）

物业合同专章规定了物业服务合同的内容、物业公司定期报告等内容，同时要求在业主不支付物业费时，物业服务人和物业公司不得采取停止供水、供电、供热、供燃气等方式催交物业费等，保护了业主的合法权利。"物业服务人"包括物业服务企业和其他管理人，包含所有提供物业管理服务的主体。

保理合同一章对保理合同的相关规定进行了明确，包括保理合同的定义、内容、虚构应收账款、保理人对债务人的通知、有追索权的保理、无追索权的保理和应收账款的重复转让等。

保证合同一章吸收了《担保法》中对保证的相关内容，作出了详细规定，但对《担保法》部分内容进行了调整，即在未约定或约定不明的情况下，保证人应承担一半保证责任，而不是连带责任。

合伙合同一章中，规定了合伙合同的协议、表决、合伙事务的执行、合伙的终止等内容。

要点二十五：保证方式回到"从前"，保证方式更为合理。（第六百八十六条）

对《担保法》的规定进行了比较彻底的修改，改变了此前保证方式没有约定或约定不明的，以及推定当事人对保证方式没有约定或者约定不明确的，按照连带责任承担保证责任的规定，对当事人在保证合同中对保证方式未约定或约定不明的，赋予了保证人先诉抗辩权，只按一般保证承担保证责任，而非连带责任，减少了保证人的风险。

要点二十六：增加规定房屋承租人的优先承租权。（第七百三十四条第二款）

在原有承租人享受的"优先购买权""买卖不破租赁"的权利和保护上，建立租购同权住房制度，又以立法形式规定房屋承租人的优先承租权，优先承租权制度保护了承租人的利益，对稳定租房具有重大意义，保障出租人获得同等租金的经济利益，为承租人继续稳定租赁提供了法律保障。

要点二十七：对建设工程合同方面的调整。（第八百零六条）

将《建设工程司法解释（一）》第四条、第八条表述中的"非法转包"纠正为"转包"。根据《民法典》第七百九十三条第一款规定，将《建设工程司法解释（一）》第二条规定中"建设工程经竣工验收合格"改为"建设工程经验收合格"，此扩大了工程质量合格的适用情形，例如，承包人中途停止施工。将"承包人请求参照合同约定支付工程价款的，应予支持"改为"可以参照合同关于工程价款的约定折价补偿承包人"。

要点二十八：客运合同对"旅客霸座""抢方向盘"等问题进行规制。（第八百一十五条、第八百一十九条、第八百二十条）

按照客票记载的座位号乘坐认定为旅客的一项合同义务，因此作为客运合同的一方当事人，旅客应当积极履行该义务。霸座、无票乘坐、超程乘坐、越级乘坐或持失效客票乘坐的,既不道德,更是违约行为。针对近年来客运合同领域出现的旅客霸座、不配合承运人采取安全措施等严重干扰运输秩序和危害运输安全的问题,明确约定客运合同当事人的权利义务。如果乘客霸占他人座位,运输部门可以就此起诉该乘客。若强行占座扰乱了公共秩序,可能轻则被处以治安处罚,重则涉嫌寻衅滋事罪。

要点二十九:物业服务人对违反消防法规的行为应有制止义务。(第九百四十二条)

在物业服务区内违反消防法律法规的行为,物业服务人应予以制止。这有利于预防减少城市住宅火灾危害,促进人们更加重视消防安全,及时制止违反消防法律法规违法的行为,从而避免出现小区内有人违反消防法律法规无人管而发生火灾事故的情况。

要点三十:乘客对攻击司机或抢夺司机方向盘等行为具有协助和配合义务。(第八百一十九条)

乘客在公交车上攻击司机或抢夺方向盘等事件时有发生,有些甚至酿成惨剧,其社会危害性较大。对此,《民法典》首次明确规定了乘客具有协助和配合义务,"承运人应当严格履行安全运输义务,及时告知旅客安全运输应当注意的事项。旅客对承运人为安全运输所作的合理安排应当积极协助和配合"。

要点三十一:实名制客运合同的旅客丢失客票可申请免费补办。(第八百一十五条第二款)

因遗失车票补办引发的诉讼一次次将铁路部门推到舆论的风口浪尖。铁路部门曾出台了"补票新规",丢失实名制火车票,可履行挂失补办手续,无需另行购票。《民法典》针对该问题做了进一步的立法规定。

要点三十二:提供格式条款的一方未履行提示或者说明义务的,该条款不成立。

采用格式条款订立合同的,提供格式条款的一方在合同中常常居于优势地位,另一方居于服从地位,因此,订立格式条款时应遵循公平原则,确定当事人之间的权利和义务,不得利用其优势地位损害对方权益,或利用对方没有经验,或利用自己的优势地位导致双方利益关系失衡。提供格式条款的一方应采取合理的方式提示对方注意免除或减轻其责任等与对方有重大利害关系的条款,并有义务按对方的要求说明。如未履行提示或者说明义务，致使对方没有注意或者理解与其有重大利害关系的条款的，对方可以主张该条款不成为合同的内容。

人格权编：保护人格尊严，体现人文关怀

人格权是民事主体对其特定的人格利益享有的权利，关系到每个人的人格尊严，是民事主体最基本的权利。第四编"人格权"在现行有关法律法规和司法解释的基础上，从民事法律规范的角度规定自然人和其他民事主体人格权的内容、边界和保护方式，不涉及公民政治、社会等方面的权利。

要点一：明示人格权编的开放式保护模式。（第九百九十条）

人格权制度独立成编，强调了对人格权的保护，这是民法典的一个重大制度创新。以对常见具体人格权利进行列举以及兜底条款的形式明示了人格权编的开放式保护模式。将人格权概括为人身自由、人格尊严，且对于未明确规定的具体人格权类型，统一使用"其他人格利益"，该条款为基于人身自由、人格尊严产生的其他各项人格权益的确认和保护预留了空间。第一款和第二款是具体人格权的列举和一般人格权的结合，后者很好地起到了对前者的补充功能，即在具体的人格权之外基于人格尊严产生的其他人格利益，当这些人格利益受到侵害时，对一般人格权予以保护。

要点二：对人格权请求权作出明确规定。（第九百九十五条）

确认了人格请求权，人格请求权与物权请求权一样，属于绝对请求权，与损害赔偿请求权不同，人格请求权不受诉讼时效限制。细化规定了人格权受侵害后的救济方式，为人格权提供了严密的事前预防和事后救济的保护措施。

要点三：以违约为由可请求精神损害赔偿。（第九百九十六条）

受损害方有权以违约为由主张精神损害赔偿，其内容具有创新性。规定了出现违约与侵权责任竞合情况时，精神损害赔偿不受影响等制度。

要点四：明确规定了诉前禁令制度。（第九百九十七条）

增设了"人格权诉前禁令制度"，建立了更完善的民事权利保护与救济的制度体系。诉前禁令从知识产权诉讼的诉前财产保全到人格权制度的引入，意味着我们在人格权受到侵害时可以申请诉前禁令来及时止损，而不

再囿于知识产权领域或家暴情形中。

要点五：平衡了人格权保护中的利益冲突。（第九百九十八条、第九百九十九条）

一方面，体现了对生命权、身体权和健康权等物质性人格权的特殊保护。另一方面，对于无形的精神性人格权，在受到损害时难以确定实际的损害范围。该法律条文通过列举处理人格权纠纷需要考量的多种因素，为司法裁判提供了处理人格权纠纷的具体指引。而新闻报道和舆论监督等行为在实际操作层面常会涉及被报道或舆论监督人物的姓名等个人信息，所以为公共利益实施新闻报道、舆论监督等行为的，可以合理使用民事主体的姓名、名称、肖像、个人信息等。这就排除了新闻报道和舆论监督等行为在合理使用民事主体个人信息时的违法性，平衡了人格权保护与新闻报道等合理使用之间的权利冲突。

要点六：身份权保护规则首次明确，即明确了配偶权、亲属权、监护权等基于身份关系产生的权利及其保护规则。（第四百六十四条、第一千零一条）

对自然人因婚姻家庭关系等产生的身份权利的保护，适用民法典总则编、婚姻家庭编和其他法律的相关规定；没有规定的，可以根据其性质参照适用人格权编人格权保护的有关规定。

要点七：确立了人体器官捐献的基本规则。（第一千零六条、第一千零七条）

确立了人体器官捐献的基本规则，明确强调自愿捐献原则和无偿捐献原则，鼓励遗体捐献的善行义举，禁止以任何形式买卖人体细胞、人体组织、人体器官、遗体，且强调违反上述规定的买卖行为无效。

要点八：为人体基因、人体胚胎等相关的医学和科研活动划出法律红线。（第一千零九条）

禁止以生殖为目的的人类胚胎基因编辑活动，规范与人体基因、人体胚胎等有关的医学和科研活动，从事此类活动要遵守法律和行政法规，要遵守国家的有关规定，不得危害人体健康，不得违背伦理道德，不得损害公共利益，任何组织和个人不得强迫、欺骗、利诱捐献，同时也明确禁止买卖人体器官、组织、细胞、遗体。从正反两方面为人体基因、人体胚胎等相关的科研活动划出了红线。

要点九：机关、企业、学校等单位有防止和制止性骚扰的义务。（第一千零一十条）

规定"性骚扰"认定标准，即违背他人意愿，以言语、文字、图像、肢体行为等方式对他人实施性骚扰的，受害人有权依法请求行为人承担民事责任。机关、企业、学校等单位应当采取合理的预防、受理投诉、调查处置等措施，防止和制止利用职权、从属关系等实施性骚扰。

要点十：姓名权保护客体扩大化。（第一千零一十七条）

针对生命权、身体权、健康权、姓名权、名称权、肖像权、名誉权、荣誉权、隐私权等人格权的保护予以进一步的细化。增加简称的保护，将笔名、艺名、网名、译名、字号、姓名和名称的简称等纳入保护范围，明确对具有一定社会知名度、被他人使用足以造成公众混淆的笔名、艺名、网名等，参照适用姓名权和名称权保护的有关规定。例如，"腾讯""阿里""清华"等，都是相关主体的简称，为社会公众广泛了解，应当受到法律保护。

要点十一：对肖像权予以扩大保护。（第一千零一十八条）

细化肖像的定义，规定肖像是通过影像、雕塑、绘画等方式在一定载体上所反映的特定自然人可以被识别的外部形象。某人特有的肢体动作、背影等，如果为相关公众所知悉，能够对外展现个人的形象，则应当受到法律保护。侵犯肖像权不再要求以营利为目的。任何组织或者个人不得以丑化、污损，或者利用信息技术手段伪造等方式侵害他人的肖像权。未经肖像权人同意，不得制作、使用、公开肖像权人的肖像。

要点十二：减少了肖像权侵权行为的成立要件，不再将"以营利为目的"作为侵权标准。（第一千零一十九条）

任何组织或者个人不得以丑化、污损，或者利用信息技术手段伪造等方式侵害他人的肖像权。未经肖像权人同意，不得制作、使用、公开肖像权人的肖像，但是法律另有规定的除外。未经肖像权人同意，肖像作品权利人不得以发表、复制、发行、出租、展览等方式使用或公开他人的肖像。此规定减轻了肖像权人的举证责任，对于被侵权人就侵权方擅自传播他人的照片、擅自制作他人的肖像、在互联网上未经他人同意擅自公布他人照片等侵犯肖像权行为的维权提供了法律依据。

要点十三：肖像权许可使用中对肖像权人倾斜保护。（第一千零二十一条、第一千零二十二条）

对许可使用条款有争议的，应作对肖像权人有利的解释；合同未约定期限的，肖像权人可随时解除合同；合同约定明确期限的，肖像权人有正当理由的可以单方解除。

要点十四：对换脸侵权行为亮剑，新增对声音的保护。（第一千零二十三条、第一千零一十八条、第一千零一十九条）

对利用深度伪造技术带来的"换脸"问题予以积极回应。针对"AI换脸"技术通过相关软件，将照片或者视频中的人脸替换为任何人的面孔，在给人们带来新鲜体验的同时，也可能对相关人的人格权益构成侵害。对这类"深度伪造"问题，明确任何组织或者个人不得利用信息技术手段伪造等方式侵害他人的肖像权，明确禁止任何组织或者个人利用信息技术手段伪造等方式侵害他人的肖像权。此外，自然人特有的声音受法律保护。对自然人声音的保护参照适用肖像权的保护规定。对自然人声音类比肖像权予以保护，承认了声音作为一种新型的人格利益。

要点十五：加大了对公民隐私权的保护力度。（第一千零三十二条、第一千零三十三条）

对针孔摄像头、远程拍摄、垃圾信息、骚扰电话等对个人私人生活的侵扰进行规制，明确将私人生活安宁、私密空间、私密活动、私密信息确定为隐私权的保护范围，并对各种利用现代科学技术手段侵害隐私权的行为进行具体列举，为个人有效应对各种隐私威胁提供了法律依据。

要点十六：构筑个人信息保护的防火墙。（第一千零三十四至一千零三十九条）

完善个人信息的法律定义，明晰处理个人信息的内涵、原则和条件，严格限制处理个人信息免责事由，保障信息主体的更正权与删除权，强化处理者的信息安全保障义务，明确各类机关、机构及人员的保密义务。

要点十七：规定了对死者人格利益的保护。（第九百九十四条）

死者的姓名、肖像、名誉、荣誉、隐私、遗体等受到侵害的，其配偶、子女、父母有权依法请求行为人承担民事责任；死者没有配偶、子女，且父母已经死亡的，其他近亲属有权依法请求行为人承担民事责任。

婚姻家庭编：家和万事兴

婚姻家庭制度是规范夫妻关系和家庭关系的基本准则。第五编"婚姻家庭"以现行婚姻法、收养法为基础，在坚持婚姻自由、一夫一妻等基本原则的前提下，结合社会发展需要，修改完善了部分规定，并增加了新的规定。

要点一：婚姻家庭受国家保护。（第一千零四十一条）

"婚姻家庭受国家保护"是婚姻家庭编的首要基本原则，明确了保护婚姻家庭权利、维护婚姻家庭制度的国家责任。

要点二：取消实行计划生育、鼓励晚婚晚育制度的相关条文。（第一千零四十一条、第一千零九十八条第一项）

响应国家人口与计划生育政策，删除了"计划生育和鼓励晚婚晚育"制度，以期能解决日益严峻的人口问题。将收养人须无子女的要求修改为收养人无子女或者只有一名子女。

要点三：禁止借婚姻索要财物不等于禁止彩礼。（第一千零四十二条）

新规禁止包办、买卖婚姻和其他干涉婚姻自由的行为，禁止借婚姻索取财物。只需要通过简单的理解，就知道这不是禁止彩礼，而是禁止借婚姻索要财物。区别就在于主动交付还是被索要，结婚给彩礼是传统习俗，但如果女方坚持要求男方结婚时必须给多少数额的彩礼，不给就不结婚，其行为是违法的。解除同居关系后彩礼应当返还。还有两种情况法院会判还彩礼，一是双方已办理结婚登记手续但确未共同生活，二是婚前给付并导致给付人生活困难，但这两种情况应当以双方离婚为条件。

要点四："树立优良家风，弘扬家庭美德，重视家庭文明建设"入法。（第一千零四十三条）

首次将树立优良家风，弘扬家庭美德，重视家庭文明建设以立法的形式写入法典，是社会主义核心价值观融入法律的重要体现，体现了立法者对于婚姻家庭关系中道德伦理规则的尊重。通过引导家庭成员和家风建设，鼓励和促进人们培养优良家风，可以实现家庭关系的稳定，提升社会整体道德水平。"重视家庭文明建设"的规定体现了立法者对家庭伦理道德的引导规范，有利于鼓励人们培养优良家风。

要点五：增加规定最有利于被收养人原则。（第一千零四十四条第一款）

收养具有养老扶幼、稳定家庭、稳定社会的功能，最有利于被收养人原则，统领着整个收养制度。因此，只要有利于被收养人的健康成长，法律会偏向于那一边。最突出的体现就是被收养人的条件改变了，尤其是所有的未成年人都可以被收养。另一个最有利于被收养人原则的体现就是，收养人的条件中增加了"无不利于被收养人健康成长的违法犯罪记录"。

要点六：规定亲属法律行为为民事法律行为。（第一千零四十六条、零四十九条、第一千零七十六条、第一千一百一十四条）

原婚姻法未对亲属法律行为予以规定，民法典规定亲属法律行为为民事行为，亲属法律关系的确立和解除民事法律关系的规定有重要意义。因此，婚姻家庭编的有关规定在亲属法律关系中具有特别重要的意义，且是民法典总则编关于通过民事法律行为确立和解除民事法律关系规定的具体体现。

要点七：第一次确认身份权及身份权体系。

民法典确认身份权的过程是：《民法总则》通过第一百一十二条提出了我国身份权的概念。民法典人格权编第一千零一条第一次明确使用"身份权利"的概念，开启了我国民法使用身份权的先河。在婚姻家庭编第三章"家庭关系"的"夫妻关系"中，规定的就是配偶权，"父母子女关系和其他近亲属关系"，规定的是亲权和亲属权。民法典通过以上这些方法，完整地规定了亲属关系的身份权制度，以及由配偶权、亲权和亲属权构成的身份权体系。

要点八：新增亲属的基本制度，明确亲属、近亲属、家庭成员的法定范围。（第一千零四十五条）

第一次规定了亲属的基本法律制度，这标志着我国民法典婚姻家庭编就是民法的亲属编。亲属包括配偶、血亲和姻亲。配偶、父母、子女、兄弟姐妹、祖父母、外祖父母、孙子女、外孙子女为近亲属。配偶、父母、子女和其他共同生活的近亲属为家庭成员。

要点九：修改了禁止结婚的条件，新增婚前隐瞒重大疾病，婚姻登记可撤销的规定。（第一千零五十三条）

出于尊重婚姻自主权，疾病不再构成禁止结婚以及婚姻无效的法定事由，而构成可撤销婚姻的法定情形。疾病范围删除了"患有医学上认为不应当结婚的疾病"，变更为"重大疾病"；删除"婚后尚未治愈"，新增"严重疾病告知"的义务和"未如实告知"的撤销条件。疾病婚姻从无效婚姻转变为可撤销婚姻，体现了对公民婚姻自由的保护，保护存在重大疾病但又有意愿结婚的人，享有缔结婚姻的权利。一方婚前患有严重疾病的，在结婚前应如实告知对方。婚姻关系中，夫妻间应该有充分的知情权，特别是对重大事项的知情权。结婚登记前不如实告知的，对方可请求撤销该婚姻。一方患有重大疾病，对方仍愿意结婚，这样的婚姻仍受法律保护。

要点十：可撤销婚姻中的婚姻撤销权都归于法院。（第一千零五十二条、第一千零五十三条）

因胁迫结婚的，受胁迫的一方可以向人民法院请求撤销婚姻。一方患有重大疾病的，应当在结婚登记前如实告知另一方；不如实告知的，另一方可以向人民法院请求撤销婚姻。请求撤销婚姻的，应当自知道或者应当知道撤销事由之日起一年内提出。这就意味着，在两种情形下配偶可以向法院申请撤销婚姻：一是受胁迫结婚；二是对方婚前患有重大疾病，没有如实告知。至于什么样的病属于重大疾病，告知的程度应当达到何种程度，要由人民法院进一步明确。将可撤销婚姻中的婚姻撤销权都归于法院，考虑到的是法院专业性更强。

要点十一：修改因胁迫结婚请求撤销婚姻的时间起算点。（第一千零五十二条）

原婚姻法规定，受胁迫的一方撤销婚姻的请求，应当自结婚登记之日起一年内提出。新规将时间的起算点修改为"应当自胁迫行为终止之日起一年内提出"。一些案件中，女性长期被控制在男方家中，处于受胁迫状态，以结婚登记之日起算，不利于保护女性的合法权利，以胁迫行为终止之日为起算时间，更有利于维护受害一方的权益。

要点十二：新增身份权请求权为身份权保护方法。（民法典第一千零一条）

原婚姻法没有规定过身份权请求权。当身份关系的义务人不履行义务时，缺少明确的救济方法，只能依靠侵权法的救济，形成了对身份权保护不周的问题。确立了身份权请求权的救济方法，只是没有体现在婚姻家庭编中，而是体现在人格权编中。

要点十三：增加无过错方的保护力度，无效婚姻与可撤销婚姻中无过错方享有损害赔偿请求权。（第一千零五十四条）

这是婚姻家庭编新增加的内容，规定婚姻无效或者被撤销的，无过错方有权请求损害赔偿，体现了民法中的信赖利益保护原则。当婚姻被确认无效或被撤销后，按损害赔偿制度请求损害赔偿是法律赋予的权利和可操作的救济途径。离婚财产分配时应体现照顾无过错方的原则，完善离婚过错损害赔偿制度。

要点十四：首次规定了夫妻共同亲权原则。（第一千零五十八条）

这种夫妻共同亲权的规定在总则编和婚姻家庭编中都有相关规定，前后呼应。民法典对夫妻共同亲权的规定主要体现在两处，一是总则编第二十六条第一款的规定，表达了共同亲权原则的基本要求；二是婚姻家庭编对共同亲权原则进一步确立具体规则。

要点十五：首次规定了夫妻日常家事代理权，平衡了夫妻内部的利益，保护交易相对人。（第一千零六十条）

夫妻日常家事代理权是配偶权的一项重要内容。夫妻一方因日常事务在与第三人进行民事交往时所做出的法律行为，视为夫妻共同的意思表示，夫妻双方互为代理人，互有代理权限，对夫妻双方发生效力，夫妻双方承担连带责任。但是夫妻一方与相对人另有约定的除外。夫妻日常家事代理权入法，让家庭行为理直气壮。明确夫妻日常家事代理权，不仅平衡了夫妻内部的利益，充分保障了夫妻之间的平等权利，保护了夫妻间的合法财产，对保护交易相对人，维护交易稳定和安全起到了积极的作用。

要点十六：扩充了夫妻共同财产的范围，"其他劳务报酬"和"投资的收益"也属夫妻共同财产。（第一千零六十二条）

从双方登记结婚后，存续期间涉及的上述的财产、报酬属于夫妻共同财产，共同共有。夫妻对共同财产有平等的处理权，包括工资、奖金、劳务报酬；生产、经营、投资的收益；知识产权的收益；继承或者受赠的财产，但是第一千零六十三条第三项规定的除外；其他应当归共同所有的财产。新规新增了"其他劳务报酬""投资收益"作为夫妻共同财产，更符合数字化时代个人收入渠道越来越多元化的实际情况。

要点十七：新增规范夫妻共同债务，新增夫妻债务"共债共签"条款。

（第一千零六十四条）

以下三种债务才会被认定为"夫妻共同债务"：

第一，共同签名或者债务人的配偶事后追认，事后追认的方式包括发短信、QQ、微信、邮件等，或者借款时配偶当时也在场，或者借款直接达到债务人配偶的账户，可以视为配偶事后追认。

第二，借款是个人借的，但是用于家庭日常生活需要。建议债权人在借条上注明"借款的用途是家庭日常生活"。

第三，借款是个人借的，超出家庭日常生活需要，但债权人能够证明用于夫妻共同生活、共同生产经营或者基于夫妻双方共同意思表示。这一条意味着债权人要举证证明这笔债务用于夫妻共同生活、共同生产经营或者基于夫妻双方共同意思表示，对债权人很不利。

上述夫妻共同债务的认定标准，不仅引导债权人在形成债务时，加强事前风险防范，也有利于保障夫妻另一方的知情权和同意权，从源头上尽可能杜绝"被负债"的现象，避免债权人因事后无法举证证明债务属于夫妻共同债务而遭受损失。

要点十八：新增非常法定财产制。（第一千零六十六条）

夫妻是紧密的伦理、经济共同体，因此法律一般不支持没有离婚时分割共同财产，但一方存在严重损害夫妻共同财产利益的行为，如隐匿、转移、变卖夫妻共同财产等情形；或一方的父母患重大疾病需要医治，另一方不同意支付相关医疗费用的，可以分割共同财产。

要点十九：新增父母不履行抚养义务的，不能独立生活的成年子女有权要求父母给付抚养费。（第一千零六十七条）

婚姻法规定"父母不履行抚养义务时，未成年的或不能独立生活的子女，有要求父母付给抚养费的权利"。对于非婚生子女，婚姻法规定"不直接抚养非婚生子女的生父或生母，应当负担子女的生活费和教育费，直至子女能独立生活为止"。民法典将原婚姻法上述两处规定的表述统一作了修改，即将原规定中的"不能独立生活的子女"，修改为"不能独立生活的成年子女"。新规表述更加完整，保护了尚在校接受高中及其以上学历教育，或者丧失或未完全丧失劳动能力等非因主观原因而无法维持正常生活的成年子女的相关权益，体现出民法典对弱势群体权利的特别保护。

要点二十：新增对亲子关系有异议可提起诉讼的规定。(第一千零七十三条)

由于非婚生子女的现象增多，导致涉及亲子关系的诉讼不断增加，所以民法典增加了亲子关系诉讼的规定。对亲子关系有异议且有正当理由的，父或者母可以向人民法院提起诉讼，请求确认或者否认亲子关系。对亲子关系有异议且有正当理由的，成年子女可以向人民法院提起诉讼，请求确认亲子关系。这里说的确认及否认"亲子关系"仅指确认或否认父母子女关系，而不包括确认同父异母或同母异父的兄弟姐妹之间的血缘关系，更不能适用亲子关系的推定规则进行推定。亲子关系牵涉的主体不仅是夫妻双方，还包括子女。原婚姻法的司法解释中仅规定夫妻一方可提起亲子关系确认的权利，却未规定成年子女也享有同样对等的权利。此次修改赋予成年子女此项权利，使之不再被动等待父母提起此项诉讼。

要点二十一：明确了自愿离婚必须签订书面离婚协议。(第一千零七十六条)

自愿离婚的性质，是直接协议离婚，分为直接协议离婚和间接协议离婚，我国法律目前不承认后者。直接协议离婚是根据当事人的离婚协议，履行必要的法定的行政登记程序后，即通过婚姻登记机关的确认，发给离婚证，双方才能达到解除婚姻关系的效力。签订书面离婚协议，即表明双方达成离婚合意。离婚协议中，应当载明双方自愿离婚的意思表示，以及对子女抚养、财产分割以及债务处理等事项协商一致的意见。未签订书面协议，不能表明双方合意，属于片意离婚的，不可能经过行政登记程序。

要点二十二：新增离婚冷静期。(第一千零七十七条)

新增的"离婚冷静期"被强制运用于"协议离婚"中，但不适用于诉讼离婚。离婚冷静期制度的设定，旨在减少草率离婚、冲动离婚，改变现行登记中闪婚闪离的现状，使当事人经过适当的冷静之后更加理性。离婚冷静期又称离婚熟虑期，任何一方在一定期间内，可撤回离婚申请、终结登记离婚程序。冷静期有家庭暴力情形的，一般都是诉讼离婚。

要点二十三：新增离婚法定情形，双方分居满两年，一方再次起诉离婚法院应判离。(第一千零七十九条第四款)

按照原婚姻法，可能遇到多次起诉离婚都被驳回的情况。针对诉讼离婚中出现的久调不判的情况，民法典在婚姻法规定的 5 种调解无效应准予离婚情形基础上，对想离婚者提供了一条新的路径，即在法院判决不准离婚后，双方又分居满两年，一方再次提起离婚诉讼的，应当准予离婚，还对方一份自由。此条款可以有效避免一方无缓和矛盾、挽回婚姻的意愿，故意拖延时间不同意离婚的情况。

要点二十四：明确哺乳期内子女抚养权归属，不满两周岁的子女，以由母亲直接抚养为原则。（第一千零八十四条）

对于两周岁以下的子女，离婚后在处理抚养权纠纷时，充分考虑到不满两周岁的子女由于年龄幼小和母亲更具天然的依恋关系，还合理地确定抚养权的认定标准，按最有利于未成年子女的原则，以"母方直接抚养"为原则，避免了因哺乳期定义不明确而引发的争议，更有利于保护儿童和妇女的身心健康，也将进一步保障妇女和未成年子女的合法权益，便于实践操作。对于已满两周岁的子女，父母双方对抚养问题协议不成，按最有利于未成年子女的原则判决。子女已满 8 周岁的，应当尊重其真实意愿。

要点二十五：扩大了离婚经济补偿制度的适用范围，不再限于"分别财产制下"。（第一千零八十八条）

新规强力"激活"原婚姻法的离婚经济补偿制度，并将其从此前的只适用于夫妻财产分别制家庭，扩大为适用于所有家庭，这一条在法律层面更为广泛地承认和尊重家务劳动的价值，让全心全意为家庭服务、对家庭贡献较多的一方离婚时得到补偿，权益受到保障，反映了我国法律的包容性与全面性。补偿标准由法官自由裁量，无参考要素。

要点二十六：夫妻一方挥霍夫妻共同财产的，在离婚分割财产时可对该方少分或者不分。（第一千零九十二条）

民法典婚姻家庭编在婚姻法基础上，新增了夫妻一方"挥霍夫妻共同财产"的法律后果，即夫妻一方隐藏、转移、变卖、毁损、挥霍夫妻共同财产，或者伪造夫妻共同债务企图侵占另一方财产的，在离婚分割夫妻共同财产时，对该方可以少分或者不分。离婚后，另一方发现有挥霍共同财产行为的，可以向人民法院提起诉讼，请求再次分割夫妻共同财产。

要点二十七：离婚财产分割增加照顾无过错方原则，离婚时财产分割更加公平。（第一千零八十七条）

婚姻家庭编中出现"无过错方"一词共有3处。离婚时，夫妻的共同财产由双方协议处理；协议不成的，由人民法院根据财产个体情况，按照照顾子女、女方和无过错方权益的原则判决。这就意味着在离婚财产分割上，法院可以依据该原则，酌情确定对过错予以少分财产，以此惩戒婚内过错方，充分照顾并保护无过错方权利。对离婚时一方存在过错，但尚不构成"重婚"或"同居"的情形下照顾无过错一方提供了明确的操作依据。

要点二十八：完善离婚赔偿制度，增加兜底条款。（第一千零九十一条）

民法典对无过错方请求离婚损害赔偿的情形，除重婚的，有配偶者与他人同居的，实施家庭暴力的，虐待、遗弃家庭成员的四种情形外，又针对其他各种导致离婚的过错情形，例如婚外情、一夜情、嫖娼、婚外生子等，这些行为对于无过错方产生极大心理伤害，增加了"有其他重大过错"的情形，充分维护无过错方权益。

要点二十九：符合条件的18周岁以下未成年人均可被收养。（第一千零九十三条）

民法典婚姻家庭编将儿童利益最大化的原则落实到收养工作中，遵循最有利于被收养人的原则，对收养规定的变化体现在：一是可收养人数的变化，即根据计划生育政策的变化，允许无子女的收养人最多可以收养两名子女。二是被收养人的年龄的变化，删除被收养的未成年人仅限于不满14周岁的限制，统一修改为未成年人。使得已满14周岁但未满18周岁的未成年人也有机会被收养，有机会回归家庭生活，感受到家庭的温暖。

要点三十：无子女的收养人可以收养两名子女，有子女的收养人只能收养一名子女。（第一千一百条）

与二胎政策相统一，民法典将收养法中关于"收养人数"的规定进行了调整，由"收养人只能收养一名子女"改为"无子女的收养人可以收养两名子女，有子女的收养人只能收养一名子女"，可收养人数增加了。

要点三十一：收养人需"无不利于被收养人健康成长的违法犯罪记录"。（第一千零九十八条第四项）

收养人有违法犯罪记录，将对被收养人健康成长有一定影响。新规为进一步加强对被收养人利益的保护，增加了收养人的条件，即无不利于被收养人健康成长的违法犯罪记录。这样一来，像有过虐待、遗弃未成年人等犯罪记录的人便不能收养子女。

要点三十二：收养人必须在 30 周岁以上才可收养，无配偶者收养异性子女须相差 40 周岁以上。（第一千零九十八条、第一千一百零二条）

收养人须年满 30 周岁，这是对有配偶者双方和无配偶者的共同要求。收养继子女可以不受继父或继母年满 30 岁的规定的限制。对收养异性子女的特别规定，是为了防止无配偶的男性或女性收养异性子女，可能出现的损害被收养人合法权益的问题而做出的规定。

要点三十三：收养 8 周岁以上未成年人须征得本人同意。（第一千一百零四条）

8 周岁以上的未成年人，是限制民事行为能力人，具有一定的识别能力和行为能力，对于是否接受被收养的事实，改变自己的身份关系，应当征得本人的同意。他（她）的不同意，构成收养合意的法律障碍，即使收养人与送养人达成合意，但由于被收养人不合意的法律障碍，其收养合意无效。

要点三十四：增加规定民政部门应当依法进行收养评估。（第一千一百零五条）

收养评估包括收养关系当事人的收养能力评估、融合期调查和收养后回访。民政部门优先采取委托第三方的方式开展收养评估，收养申请人应当配合收养评估工作。增加收养评估可以从源头保障收养行为更有利于被收养者。

继承编：保障私有财产继承的需要

继承制度是关于自然人死亡后财富传承的基本制度。第六编"继承"在现行继承法的基础上，修改完善了继承制度，以满足人民群众处理遗产的现实需要。

要点一：增加规定相互有继承关系的数人在同一事件中死亡，且难以确定死亡时间的继承规则。（第一千一百二十一条）

继承从被继承人死亡时开始，相互有继承关系的数人在同一事件中死亡，难以确定死亡时间的，推定没有其他继承人的人先死亡。都有其他继承人，辈份不同的，推定长辈先死亡；辈份相同的，推定同时死亡，相互不发生继承。

要点二：扩大遗产范围，不再列举具体的遗产类别。（一千一百二十二条）

遗产范围界定由列举式改为确认所有自然人死亡时遗留的个人合法财产都是遗产的概括式，由正面清单变为负面清单，更容易判断遗产范围。扩大代位继承的范围，新增被继承人的兄弟姐妹先于被继承人死亡的，由被继承人的兄弟姐妹的子女代位继承。但依照法律规定或者根据其性质不得继承的遗产，不得继承。

要点三：必须以书面形式放弃继承。（第一千一百二十四条）

此前，原则上要求通过书面方式放弃继承，但仍设置了两种例外的情形，一是在遗产处理前，作出放弃继承的意思表示；二是用口头方式表示放弃继承，本人承认或以其他充分证据证明的，以及在诉讼中继承人以口头方式表示放弃继承，法庭制作笔录的。民法典强制要求必须以书面形式作出放弃继承的意思表示，要求更为严格。

要点四：完善对继承人的宽恕制度，以及特定情形下丧失继承权的继承人恢复继承权的制度。（一千一百二十五条）

增加了丧失继承权情形同时设定继承宽宥制度，即在继承人出现法定事由丧失继承权，又因得到被继承人的原谅而恢复继承权。民法典在对继承法的四种丧失继承权的情形予以保留的同时，新增规定"以欺诈、胁迫手段迫使或者妨碍被继承人设立、变更或者撤回遗嘱，情节严重的"。并规定，继承人有前款第三项至第五项行为，确有悔改表现，被继承人表示宽恕或者事后在遗嘱中将其列为继承人的，该继承人不丧失继承权。第一、二项因涉及刑事犯罪，情节恶劣，不适用宽宥制度。

要点五：扩大了代位继承人的范围，兄弟姐妹的子女可以代位继承。（第一千一百二十八条）

代位继承一直被限定在完备直系血亲范围内。新规完善了代位继承制度，扩大了代位继承权的主体范围。即被继承人没有第一顺位继承人时，第二顺位继承人中，被继承人的兄弟姐妹先于被继承人去世的，由被继承人的兄弟姐妹的子女，即侄女、侄子、外甥、外甥女，代位继承其有权继承的遗产份额。

要点六：新增自然人可以依法设立遗嘱信托。（第一千一百三十三）

遗嘱信托是民法典继承关系中的一大亮点，遗嘱信托作为财富传承工具，能够实现财产的增值，更好地管理和传承财富，具有信托和继承的双重法律特征。部分无法转入家族信托的不动产、股权等财产的被继承人，可设立遗嘱信托。新规衔接了信托法的遗嘱信托制度，从法律层面明确遗嘱信托的法律关系，并与遗产管理人相衔接，大大提高遗嘱信托的可操作性，为财富传承中开展遗嘱信托扫平了道路。

要点七：增加打印、录像等新的遗嘱形式。（第一千一百三十六条）

现实中，打印遗嘱十分常见，但民法典生效前法律未明确这种遗嘱的有效性，常常会引发纠纷。民法典根据实际需要，尊重遗嘱人真实意愿的体现，顺应民众对遗嘱形式的需要，对打印遗嘱的效力作出界定，明确了打印遗嘱必备的形式，适应了时代发展的需要。录音遗嘱、录像遗嘱规定在同一条，明确规定了其形式制作要件。

要点八：修改遗嘱效力规则，删除公证遗嘱效力优先的规定。（第一千一百四十二条）

新规对遗嘱形式效力统一、形式增加，顺应了时代变迁和保障当事人意思自治的需要，取消公证遗嘱的优先效力，规定数份遗嘱的内容相抵触的，以最后立的遗嘱为准。这就解决了立遗嘱人遇有紧急或突发情况，想立新的遗嘱时，由于公证遗嘱优先，而撤销或变更的程序严格，违背立遗嘱人真实意愿的难题。

要点九：新增遗产管理人制度，对老有所求提供了更多选择。（第一千一百四十五条至第一千一百四十九条）

遗产管理人制度的确立，顺应了社会财富种类多样，二胎政策放开的形势需求，有利于调整因家庭内部结构复杂而出现的纷繁多样的财产利益和复杂的家族关系中的遗产继承矛盾。遗产管理人制度让专业人员尊重被继承人的意志，保持遗产的安全和完整，保证遗产分配的公平公正，有利于减少继承之间的纠纷。新规明确了选任遗产管理人的顺序、指定、职责范围、报酬请求权及未尽职责的赔偿责任。

要点十：明确规定转继承，新增转继承的例外情形。（第一千一百五十二条）

新规明确编入转继承制度，解决了继承开始后继承人先于遗产分割前死亡，没有放弃继承的继承人应当继承的遗产转给其继承人的问题。部分被继承人会通过遗嘱排除部分人员的继承资格，对此，新规在现有转继承规定的基础上，增加了遗嘱另有安排的例外情况，更尊重了被继承人的意愿，在认定继承人范围时充分考虑了被继承人的意思表示。

要点十一：扩大遗赠扶养协议中扶养人的范围。（第一千一百五十八条）

原继承法中，对于遗赠扶养协议中的扶养人的范围，限定于个人或集体所有制组织，而民法典则将扶养人的范围进行了如下修改：将第一款中的"抚养人"改为"继承人以外的组织或者个人"，抚养人不仅包括继承人，还扩大为继承人以外的个人，集体所有制组织扩大为继承人以外的组织，不再限定组织的性质必须为集体所有制组织，扩大了扶养人的选择空间，有利于遗赠扶养协议制度的发展。

要点十二：明确收归国有的无人继承遗产只能用于公益事业，实现物尽其用。（一千一百六十条）

原继承法仅规定无人继承又无人受遗赠的遗产收归国有，新规明确收归国有的无人继承遗产只能用于公益事业，不能用作其他商业用途，谋取不正当利益。这样不仅最大化地发挥了无主遗产的利用价值，更为公益事业的发展添砖加瓦。

侵权责任编：人本至上，体现公平正义

侵权责任是民事主体侵害他人权益应当承担的法律后果。第七编"侵权责任"在总结实践经验的基础上，针对侵权领域出现的新情况，吸收借鉴司法解释的有关规定，对侵权责任制度作了必要的补充和完善。

要点一：风险社会下确立"自甘风险"规则。（第一千一百七十六条）

自甘风险也叫危险的自愿承担。"自甘风险"是民法典首次成为免责事由的新规则，适用于具有一定危险性的文体类活动，且仅适用于因参与者的行为造成的损害。对于自愿参加具有一定风险的文体活动，参加者对于自身和其他参加者的能力以及此项运动的危险，应当有所认知和预见，但仍自愿参加活动，应认定为自甘风险的行为。因其他参加者的行为受到损害的，受害人不得请求没有故意或者重大过失的其他参加者承担侵权责任。

要点二：规定"自助行为"制度，赋予个体私力救济权。（第一千一百七十七条）

自助行为是行为人为了实现自己的请求权，在事情紧迫而又不能及时请求国家机关予以保护的情况下，自己所采取的对他人的财产或自由加以扣押、拘束或者其他相应措施的行为。赋予自然人在一定条件下的自我保护权利，同时也对这种行为进行规范。即当合法权益受到侵害，情况紧迫且不能及时获得国家机关保护，不立即采取措施将使合法权益受到难以弥补的损害时，受害人可以在保护自己合法权益的必要范围内采取扣留侵权人的财物等合理措施。但自助行为是一种临时救济手段，行为人采取了自助救济后要立即寻求有关国家机关的处理，而不能自我处分。

要点三："营养费""住院伙食补助费"明确列为人身损害赔偿项目。（第一千一百七十九条）

民法典在原侵权责任法第十六条的基础上，增加了营养费和住院伙食补助费两个人身损害赔偿项目。当事人受到人身损害，只要提供相关证据，医疗费、护理费、交通费、营养费、住院伙食补助费等为治疗和康复支出的合理费用，以及因误工减少的收入等合理损失均能得到法律支持。造成残疾的，还应当赔偿辅助器具费和残疾赔偿金；造成死亡的，还有权要求对方赔偿丧葬费和死亡赔偿金。

要点四：完善精神损害赔偿制度，扩大了精神损害赔偿范围。（第一千一百八十三条）

精神损害赔偿的范围从人身损害扩大到具有人身意义的特定物，因故意或者重大过失侵害自然人具有人身意义的特定物造成严重精神损害的，被侵权人有权请求精神损害赔偿，但赔偿仅限于"因故意或重大过失"的原因。该规定还应当适用于第九百九十六条的因当事人一方的违约行为损害对方人格权并造成精神损害的精神损害赔偿。

要点五：加强对知识产权的保护。（一千一百八十五条）

对故意侵犯他人知识产权的行为人，其违法成本将大大提高，达到严重情形的，被侵权人有权提出惩罚性赔偿。

要点六：完善网络侵权责任制度。（第一千一百九十五条、第一千一百九十六条）

民法典为了更好地保护权利人的利益，平衡好网络用户和网络服务提供者之间的利益，细化了网络侵权责任的具体规定，完善了权利人通知规则和网络服务提供者的转通知规则，如网络服务提供者在接到通知后，应当负有转通知的义务，同时采取必要措施；明确了网络用户"反通知"的权利；规定了网络服务提供者"应当知道"网络用户利用其网络侵害他人民事权益，未采取必要措施的，与该网络用户承担连带责任，提高了网络服务提供者的注意义务。

要点七：补充责任人承担补充责任后可以向直接责任人追偿。（民法典第一千一百九十八条第二款）

因第三人的行为造成他人损害的，由第三人承担侵权责任；经营者、管理者或者组织者未尽到安全保障义务的，承担相应的补充责任。经营者、管理者或者组织者承担补充责任后，可以向第三人追偿。

要点八：完善公平责任规则。

将公平责任的裁判依据限定为"依照法律规定"，压缩自由裁量空间，规定受害人和行为人对损害的发生都没有过错的，依照法律的规定由双方分担损失。

要点九：增加规定委托监护的侵权责任。（第一千一百八十九条）

监护人可以将监护职责部分或者全部委托给他人。因被监护人的侵权行为需要承担民事责任的，应当由监护人承担，但另有约定的除外；被委托人确有过错的，负连带责任。

要点十：增加规定生产者、销售者召回缺陷产品应负担被侵权人因此支出的必要费用。（第一千二百零六条）

依照相关规定采取召回措施的，生产者、销售者应当负担被侵权人因此支出的必要费用。

要点十一：好意同乘下善意人的责任减轻。（第一千二百一十七条）

好意同乘体现的是一种社会交往，本属于社会良善的表现。因此，在好意同乘情况下，尽管发生了交通事故，非营运机动车无偿搭乘造成损害，机动车一方应当减轻赔偿责任，以鼓励这种驾驶人与搭乘人相互良善的社会交往机制。减轻赔偿责任，但是机动车使用人有故意或者重大过失的除外。

要点十二：进一步保障患者的知情同意权。（第一千一百一十九条）

明确医务人员在诊疗活动中的相关说明义务，加强医疗机构及其医务人员对患者隐私和个人信息的保护，进一步保障患者的知情同意权。

要点十三：完善生态环境损害责任，确定环境公益诉讼和国家损害赔偿制度。（第一千二百三十二条、第一千二百三十四条、第一千二百三十五条）

贯彻落实生态文明思想，对生态破坏责任主要规定了两种新制度，一是增加规定了生态环境损害的惩罚性赔偿制度，二是恢复生态环境的环境公益诉讼制度和破坏生态环境的国家损害赔偿制度，规定了生态环境损害的具体修复实施方式和损害赔偿范围，全方位保护生态环境。

要点十四：加强生物安全管理，完善高度危险责任。（第一千二百三十九条）

明确占有或者使用高致病性危险物造成他人损害的，应当承担侵权责任。

要点十五：完善高空抛物坠物治理规则，保护"头顶上的安全"。（第一千二百五十四条）

规定明确禁止从建筑物中抛掷物品，明确补偿人承担垫付责任，而不是"连坐"责任，在承担补偿责任后具有追偿权。强调公安机关应当依法及时调查，查清责任人，并规定物业服务企业等建筑物管理人应当采取必要的安全保障措施防止此类行为的发生。

要点十六：明确建筑物、构筑物或者其他设施倒塌、塌陷造成他人损害的，由所有人、管理人、使用人或者第三人承担侵权责任。

宪法篇

保障公民基本权利与义务的根本大法

爱党爱国

侮辱国旗国徽国歌，法不容恕

【案例】

2019 年 10 月 7 日凌晨，李某和几个同事酒后路过杭州市上城区某小区，见小区铁门上插着一面国旗，爬上去折断旗杆，取下国旗，肆意踩踏，并朝国旗上小便侮辱国旗，被附近居民发现后，将其围住质问，并拨打报警电话。因涉嫌侮辱国旗，警方依法对其进行了刑事拘留，李某对自己的酒后不当行为后悔不已。

【法律解析】

李某的做法已经犯了侮辱国旗、国徽、国歌罪。近几年，侮辱、损毁国旗的事件时有发生。国旗并不是简单的一面旗帜，它代表着一个国家的尊严和民族自信，起着团结国民、增强民族凝聚力的重要作用，爱护国旗就是在守护国家形象，对国旗进行贬低、践踏、侮辱、损毁等于侮辱了国家形象，伤害全国人民的爱国感情，对社会风气造成严重的负面影响，严重违反公序良俗，危害国家整体利益，影响民族情感的凝聚。因此，任何组织和个人以任何方式侮辱国旗，刻意贬低或践踏国家尊严的行为，都将受到法律的惩治。国家立法对犯罪者予以刑事处罚，案中李某践踏、侮辱国旗的行为已经构成了犯罪。

【法条链接】

《宪法》第一百四十一条 中华人民共和国国旗是五星红旗。

《国旗法》第四条 中华人民共和国国旗是中华人民共和国的象征和标志。每个公民和组织都应当尊重和爱护国旗。

第二十三条 在公共场合故意以焚毁、毁损、涂划、玷污、践踏等方式侮辱中华人民共和国国旗的，依法追究刑事责任；情节较轻的，由公安机关处以十五日以下拘留。

《刑法》第二百九十九条　在公共场合故意以焚烧、毁损、涂划、玷污、践踏等方式侮辱中华人民共和国国旗、国徽的，处三年以下有期徒刑、拘役、管制或者剥夺政治权利。在公共场合，故意篡改中华人民共和国国歌歌词、曲谱，以歪曲、贬损方式奏唱国歌，或者以其他方式侮辱国歌，情节严重的，依照前款的规定处罚。

不信谣，不传谣，造谣会坐牢

【案例】

2017年4月24日11时，多伦县网络安全大队发现微信朋友圈出现一条抢小孩的信息。经网安人员核实，此信息来自微信网名"AA多伦"的网民，为虚假不实信息。该网民在未经证实信息真伪的情况下，就在微信朋友圈里转发了此条虚假信息。多伦网安大队对该网民给予了严厉的教育训诫。

【法律解析】

近年来，公安机关对于网络传播虚假信息的行为加强了执法力度。因传谣受到处罚的网民基本以编辑、转发未经证实的网络信息为主，这些信息虽然大多没有恶意传谣行为的危害性大，但也给广大网民带来不少的困扰，扰乱了正常的社会秩序。网民要谨记，侮蔑诽谤属于违法行为，编辑传播未经证实的信息同样也触及法律红线，会受到法律制裁。如果有以下行为的，属于刑事违法行为：（一）捏造损害他人名誉的事实，在信息网络上散布，或者组织、指使人员在信息网络上散布的；（二）将信息网络上涉及他人的原始信息内容篡改为损害他人名誉的事实，在信息网络上散布，或者组织、指使人员在信息网络上散布的。面对海量的网络信息，网民要做到：面对偶发性事件，坚决不做谣言的"制作人"；面对未经证实的信息，坚决不做谣言的"编辑器"；面对互联网留言，坚决不做谣言的"快递员"。

【法条链接】

《最高人民法院、最高人民检察院关于办理利用信息网络实施诽谤等刑事案件适用法律若干问题的解释》第一条　具有下列情形之一的，应当认

定为刑法第二百四十六条第一款规定的"捏造事实诽谤他人":

（一）捏造损害他人名誉的事实，在信息网络上散布，或者组织、指使人员在信息网络上散布的；

（二）将信息网络上涉及他人的原始信息内容篡改为损害他人名誉的事实，在信息网络上散布，或者组织、指使人员在信息网络上散布的。

明知是捏造的损害他人名誉的事实，在信息网络上散布，情节恶劣的，以"捏造事实诽谤他人"论。

《治安管理处罚法》第二十五条　散布谣言，谎报险情、疫情、警情或者以其他方法故意扰乱公共秩序的处五日以上十日以下拘留，可以并处五百元以下罚款；情节较轻的，处五日以下拘留或者五百元以下罚款。

《刑法》第二百四十六条　以暴力或者其他方法公然侮辱他人或者捏造事实诽谤他人，情节严重的，处三年以下有期徒刑、拘役、管制或者剥夺政治权利。前款罪，告诉的才处理，但是严重危害社会秩序和国家利益的除外。通过信息网络实施第一款规定的行为，被害人向人民法院起诉，但提供证据确有困难的，人民法院可以要求公安机关提供协助。

故意损毁名胜古迹，要负刑事责任吗？

【案例】

2017年4月，张某明、毛某明、张某三人约定前往三清山风景名胜区攀爬"巨蟒出山"岩柱体（又称巨蟒峰）。4月15日凌晨，三人携带电钻、岩钉、铁锤、绳索等工具到达巨蟒峰底部，开始攀爬。在攀爬过程中，张某明在有危险的地方打岩钉，使用电钻在巨蟒峰岩体上钻孔，再用铁锤将岩钉打入孔内，用扳手拧紧，然后在岩钉上布绳索。张某为张某明拉绳索做保护，7时左右，三人先后攀爬到巨蟒峰顶部。张某在山顶使用无人机进行拍摄。毛某明顺着绳索下降，在攀爬至离巨蟒峰底部10多米处，被三清山管委会工作人员发现后劝下并被民警控制。张某、张某明先后于上午9时左右、9时40分左右下到巨蟒峰底部并被民警控制。经查，张某明在巨蟒峰上打入岩钉26个。经专家论证，三被告人的行为对巨蟒峰地质遗迹点造成了严重损毁。那么，对于此三人对名胜古迹的损毁，只要负责经济赔偿就行了吗？是否要负刑事责任？

【法律解析】

风景名胜区的核心景区属于刑法第三百二十四条第二款规定的"国家保护的名胜古迹"。对核心景区内的世界自然遗产实施打岩钉等破坏活动，对核心景观巨蟒峰造成了永久性损害，严重破坏自然遗产的自然性、原始性、完整性和稳定性等基本属性，综合考虑有关地质遗迹的特点、损坏程度等，可以认定为故意损毁国家保护的名胜古迹"情节严重"。因对刑事案件中的专门性问题需要鉴定，但没有鉴定机构的，可以指派、聘请有专门知识的人就案件的专门性问题出具报告，相关报告在刑事诉讼中可以作为证据使用。案中，三人故意损毁名胜古迹，触犯刑法，应承担相应的刑事责任。

【法条链接】

《刑法》第三百二十四条第二款　故意损毁国家保护的名胜古迹，情节严重的，处五年以下有期徒刑或者拘役，并处或者单处罚金。

《最高人民法院关于适用〈中华人民共和国刑事诉讼法〉的解释》第八十七条　对案件中的专门性问题需要鉴定，但没有法定司法鉴定机构，或者法律、司法解释规定可以进行检验的，可以指派、聘请有专门知识的人进行检验，检验报告可以作为定罪量刑的参考。

国际学术友好交流外衣下的刺探国家机密

【案例】

李博士在境外参加学术会议时，认识了"国际某研究机构研究员"皮特，回国后一直和他保持联系。两人通过邮件交流学术，皮特也经常给李博士邮寄学术资料和小礼物。一年之后，皮特提出可以为李博士办"绿卡"，作为交换，需要他提供涉密科研项目情况。李博士感到势头不对，随即拨打"12339"举报电话，反映这一情况。国家安全机关核查发现，皮特是境外间谍情报机关人员，并及时指导李博士摆脱纠缠，避免了国家利益受损。

【法律解析】

国家秘密是关系到国家的安全和利益，依照法定程序确定，只限一定范围的人员知悉的事项。某些有政治企图的人可能会利用大学生、国家科研人员、政府机关干部、军队官兵，以金钱为回报，窃取国家机密，尤其是科研机密。有关人员一定要提高警惕，严格自律。向境外提供国家秘密是极严重的犯罪行为，会受到刑法制裁。本案中，李博士本以为是学术上的友好交流，没想到对方竟然是"醉翁之意不在酒"，只有及时向有关机关反映相关信息，才是非常正确的选择。

【法条链接】

《中华人民共和国保密法》第二条 国家秘密是关系国家的安全和利益，依照法定程序确定，在一定时间内只限一定范围的人员知悉的事项。

第二十五条 机关、单位应当加强对国家秘密载体的管理，任何组织和个人不得有下列行为：

（一）非法获取、持有国家秘密载体；

（二）买卖、转送或者私自销毁国家秘密载体；

（三）通过普通邮政、快递等无保密措施的渠道传递国家秘密载体；

（四）邮寄、托运国家秘密载体出境；

（五）未经有关主管部门批准，携带、传递国家秘密载体出境。

《全国人大常委会关于维护互联网安全的决定》第二条 为了维护国家安全和社会稳定，对有下列行为之一，构成犯罪的，依照刑法有关规定追究刑事责任：

……

（二）通过互联网窃取、泄露国家秘密、情报或者军事秘密。

……

《刑法》第一百一十一条 为境外的机构、组织、人员窃取、刺探、收买、非法提供国家秘密或者情报的，处五年以上十年以下有期徒刑；情节特别严重的，处十年以上有期徒刑或者无期徒刑；情节较轻的，处五年以下有期徒刑、拘役、管制或者剥夺政治权利。

第二百一十九条第一款 为境外的机构、组织、人员窃取、刺探、收买、非法提供商业秘密的，处五年以下有期徒刑，并处或者单处罚金；情节严重的，处五年以上有期徒刑，并处罚金。

英雄烈士岂容诋毁

【案例】

2021年2月19日,中印边境斗争中解放军战士英勇战斗的细节首次披露。面对越线挑衅和蓄谋攻击,我戍边官兵殊死搏斗,用鲜血和牺牲践行诺言。然而,网民"辣笔小球"在新浪微博发布恶意歪曲事实真相、诋毁贬损5名卫国戍边英雄官兵事迹的违法言论,造成极其恶劣的社会影响。南京市公安局立即开展调查,于当晚将发布违法言论的仇某抓获。仇某对自己为博取网民关注,在微博上歪曲事实,诋毁贬损5名卫国戍边英雄官兵的违法行为供认不讳。

【法律解析】

仇某的行为已触犯侵害英雄烈士名誉、荣誉罪。任何质疑、抹黑、诋毁英雄烈士的行为,不仅侵害英雄烈士的荣誉尊严,也会损害国家、党和军队的形象,具有极大的危害性。英雄的身影历历在目,英雄的荣誉岂能诋毁、亵渎,舆论有底线,法律有底线,网络空间也不是法外之地,对于歪曲、丑化、亵渎英雄烈士事迹和精神的行为,国家和人民都不会容忍,必将受到人们的鄙弃和法律的严惩。原《刑法》对于侮辱、诽谤罪的规定所保护的主体不包括已经过世的人,不能保护英雄烈士的名誉。《刑法修正案(十一)》增加了侮辱、诽谤或以其他形式侵害英雄烈士名誉罪,恶搞英烈同样涉嫌犯罪。对于英雄烈士的名誉受到损害的,其近亲属有权向人民法院起诉。无近亲属的,授予英雄称号、给予褒奖的机关、英烈生前所在的部队和相关管理部门,也可作为起诉的主体直接起诉。没有近亲属请求,但侵权行为同时损害社会公共利益的,则按《英雄烈士保护法》第二十六条和《民法典》第一百八十五条的规定,由人民检察院提起公益诉讼,追究侵权行为的民事法律责任。

【法条链接】

《英雄烈士保护法》第二十六条 以侮辱、诽谤或者其他方式侵害英雄烈士的姓名、肖像、名誉、荣誉,损害社会公共利益的,依法承担民事责任;构成违反治安管理行为的,由公安机关依法给予治安管理处罚;构成犯罪的,依法追究刑事责任。

《刑法》第二百九十九条之一　侮辱、诽谤或者以其他方式侵害英雄烈士的名誉、荣誉，损害社会公共利益，情节严重的，处三年以下有期徒刑、拘役、管制或者剥夺政治权利。

《民法典》第一百八十五条　侵害英雄烈士等的姓名、肖像、名誉、荣誉，损害社会公共利益的，应当承担民事责任。

侵害英雄烈士的姓名、肖像、名誉、荣誉，符合侵权责任构成要件的，根据《民法典》第一百七十九条规定，承担侵权责任的主要方式有：

（一）停止侵害；

（二）排除妨碍；

（三）消除危险；

（四）返还财产；

（五）恢复原状；

（六）修理、重作、更换；

（七）继续履行；

（八）赔偿损失；

（九）支付违约金；

（十）消除影响、恢复名誉；

（十一）赔礼道歉。

法律规定惩罚性赔偿的，依照其规定。

以上承担侵权责任的方式，可以单独适用，也可以合并适用。

《民法典》第九百九十四条　死者的姓名、肖像、名誉、荣誉、隐私、遗体等受到侵害的，其配偶、子女、父母有权依法请求行为人承担民事责任；死者没有配偶、子女且父母已经死亡的，其他近亲属有权依法请求行为人承担民事责任。

做遵纪守法公民

市民不满民警执法，拍摄民警警号是否侵犯其肖像权？

【案例】

张某是上海市居民，因交通违法被交通民警处罚。在民警对其作出《公安交通管理简易程序处罚决定书》时，张某掏出手机拍摄执法民警的警号，但此举被民警义正辞严地拒绝了。对民警禁止他拍摄警号的做法，张某向上海浦东新区政府提起行政复议，要求确认当时执法民警禁止其拍摄警号的行为违法。最后，张某的行政复议申请被认定为不符合《行政复议法》的规定，确认不属于具体行政行为。张某不服浦东新区政府的复议决定，向上海第一中级人民法院提起行政诉讼，请求撤销被诉不予受理的决定，并责令浦东新区政府依法受理他的行政复议申请。上海第一中级人民法院认为张某提起行政诉讼不符合法律规定的起诉条件，因为警察的行为不是行政诉讼法规定的可诉行政行为，因而裁定驳回了张某的起诉。张某再次上诉至上海高级人民法院。上海高级人民法院的法院再审后，查明上海第一中级人民法院认定的事实清楚，予以确认，维持了原裁定。即张某要求复议的民警禁止拍摄警号是行政处理过程中的行为，不具有终结性，对张某权利义务不产生实际影响，不属于行政复议受案范围，也不属于可诉行政行为。

【法律解析】

对上海高院的裁定，我们可以理解为：警察禁止拍摄警号，就不能拍摄警号；如果允许拍摄的话，则可以拍摄。警察禁止拍摄警号的行为，对其权利义务不会产生实际影响，不属于行政复议受案范围，也不属于可诉行政行为。在任何情况下，均以警察执法优先为原则。但从公安机关执法规定上看，2012年公安部印发《公安机关执法公开规定》，明确了11项公安机关应当主动向社会公开的事项，其中就包括民警的姓名、警号。2016年，公安部举办全国公安机关规范执法视频演示培训会，要求民警执法时，面对群众的围观拍摄，在拍摄不影响正常执法的情况下，民警要自觉接受监督，要习惯在"镜头"下执法，不得强行干涉群众拍摄。可见，无论从警号设置的目的，还是公安部关于执法公开、执法监督的相关要求来看，民警都无理由禁止公民拍摄警号。但公民实施监督权，也并非无底线，相关拍摄行为不得影响民警的正常执法。比如对于下面6种行为，民警不仅有权禁止，还将依法对相关人员给予处理：过分贴近民警面部，带有挑衅性的拍摄行为；拍摄过程中反复向民警发问或故意滋事谩骂，以监督为名逃避处罚的；拍摄行为影响到民警、救护人员的正常履职且经警告后拒不改正；未经允许拍摄暴恐、反扒、缉毒、凶杀等涉及侦查秘密的现场；拍摄后故意歪曲事实、恶意传播的；拍摄行为侵犯案件当事人、证人隐私。

【法条链接】

《中华人民共和国行政诉讼法》第八十九条第一款第（一）项

《公安机关执法公开规定》第九条　公安机关应当主动向社会公开下列信息：

......

（八）窗口单位的办公地址、工作时间、联系方式以及民警姓名、警号；

......

公安部第二期全国公安机关规范执法视频演示培训会对群众围观拍摄民警现场执法的处置要求：民警在现场处置中，既要增强自觉接受监督的意识，习惯在"镜头"下执法，又要坚持依法依规正常执法，维护执法权威。对交警道路交通执法、民警治安巡逻、一般性执法等公开执法，群众可以拍摄，但拍摄者不得干扰民警执法，也不得影响他人正常的工作、学习和生活，拍摄者与现场需保持一定安全距离，一般情况下应保持3米以上距离，最近不能少于两臂距离（约1.5米），不得越过警戒线拍摄，不得进入巡逻检查中心区域进行拍摄。对以监督执法为名拍摄，干扰、挑衅民警执法的，民警按既定程序执法，同时对拍摄者予以口头警告，警告无效的依法传唤到公安机关处理。对涉及国家秘密、警务工作秘密、恐怖活动等案（事）件现场，或者涉及他人隐私、未成年人保护执法活动的，不得拍摄（包括利用无人机拍摄），民警要通过口头、广播、举牌等形式明确告知围观群众不得拍摄；群众已经拍摄、获取的上述音视频、图片等资料，不得外泄、传播，可自行删除，也可交与警方，擅自传播将承担相应法律责任。

警察不出示警察证件，市民不配合查验怎么办？

【案例】

一天夜里，吴某走出酒吧，在巷子里碰到了两个便衣警察，便衣警察看到吴某在那里走动很长时间，便叫住吴某要求他拿出身份证查验，但两名便衣警察并没有出示执法证，也没表明警察身份。请问，便衣警察查验身份证时不出示警察证件，吴某不配合查验，这种情况应该怎么办？

【法律解析】

公安机关查验居民身份证，是打击违法犯罪、维护公共安全、保障公民合法权益的重要手段，《居民身份证法》也明确规定了民警可以查验居民身份证的5种情形。一方面，民警要依法依规进行查验，明确查验范围，增强针对性，减少随意性；另一方面，公民有配合查验的法定义务。如果遇到警察要查验你的身份证，你的第一反应该是毫无条件地配合。新《警察法》第十六条规定，人民警察查验公民的身份证件不需要任何理由，也不需要做任何解释。如果你抗拒，警察可以依法对你强制传唤。如果你遇到的是便衣警察，你怀疑对方警察身份的真实性，你也要先无条件地配合，你唯一的权利就是在不干扰执法的情况下拨打110，待110来核实便衣警察身份的真伪。

【法条链接】

《公安机关人民警察证使用管理规定》第四条人民警察证是公安机关人民警察身份和依法执行职务的凭证和标志。

公安机关人民警察在依法执行职务时，除法律、法规另有规定外，应当随身携带人民警察证，主动出示并表明人民警察身份。

疫情期间，不遵守防疫规定属于违法吗？

【案例】

2020年4月以来，黑龙江省、密山市陆续发布《关于对俄口岸货车定点换装货场实施严格防疫管理的通知》《关于对密山口岸入境人员实行紧急防疫措施的通知》等一系列口岸防控疫情输入工作的有关规定，要求所有进入口岸工作区和货场作业区人员严格执行二级防护标准，不得与俄罗斯方司机接触，并实行集中隔离居住和行动闭环管控。李某与俄罗斯方司机安德烈此前在业务往来中熟识。11月10日，李某明知俄罗斯系疫情国，按照防疫要求不得与境外人员私自接触，仍与前来口岸运送货物的安德烈联系，约定在密山口岸大华海关仓库私下见面，转交替安德烈购买的汽车配件，并从安德烈处接收皮鞋、首饰、蜂蜜等物品，放置在自己车辆内，先后到达密山市某面馆、某木业公司、某快递驿站、某商店、某果品商店、某烧烤店等地就餐、工作、搭载他人、寄发快递、购物、聚餐等。期间，基本未采取戴口罩、手套等防护措施。当日，安德烈核酸检测结果为阳性；第二天，安德烈交给李某的鞋盒外表面核酸检测结果为双靶标弱阳性。李某的行为致使自身及其42名接触者被密山疾控部门集中隔离管控、多家商铺暂时停业封闭进行消杀。11月26日，李某因涉嫌妨害传染病防治罪被依法刑事拘留，12月10日被以涉嫌妨害传染病防治罪批准逮捕。2021年1月17日，密山市人民法院以妨害传染病防治罪判处李某有期徒刑一年。

【法律解析】

新冠肺炎属于按照甲类传染病进行预防和控制的传染病，之前法律存在刑法保护漏洞，仅规定"引起甲类传染病传播或者有传播严重危险的"属于妨害传染病防治罪的构成范围，《刑法修正案（十一）》明确新冠肺炎等依法确定采取甲类传染病预防、控制措施的传染病，属于《刑法》第三百三十条调整范围，并且增加出售、运输疫区中被传染病病原体污染或者可能被传染病病原体污染的物品，未进行消毒处理的；拒绝执行县级以上人民政府、疾病预防控制机构依法提出的预防、控制措施，隐瞒行程和轨迹等不如实申报或者违反隔离规定私自外出可能构成犯罪的行为。司法实践中，对于各级政府和有关部门要求不得人员聚集、提供核酸检测报告、如实报告流调轨迹等疫情防控措施，如果违反这些规定，引起新型冠状病毒传播或者有传播严重危险的行为，则涉嫌构成妨害传染病防治罪，应依法追究刑事责任。

【法条链接】

《关于依法惩治妨害新型冠状病毒感染肺炎疫情防控违法犯罪的意见》第二条第（一）款　依法严惩抗拒疫情防控措施犯罪。故意传播新型冠状病毒感染肺炎病原体，具有下列情形之一，危害公共安全的，依照刑法第一百一十四条、第一百一十五条第一款的规定，以以危险方法危害公共安全罪定罪处罚：

1.已经确诊的新型冠状病毒感染肺炎病人、病原携带者，拒绝隔离治疗或者隔离期未满擅自脱离隔离治疗，并进入公共场所或者公共交通工具的；

2.新型冠状病毒感染肺炎疑似病人拒绝隔离治疗或者隔离期未满擅自脱离隔离治疗，并进入公共场所或者公共交通工具，造成新型冠状病毒传播的。

其他拒绝执行卫生防疫机构依照传染病防治法提出的防控措施，引起新型冠状病毒传播或者有传播严重危险的，依照刑法第三百三十条的规定，以妨害传染病防治罪定罪处罚。

《刑法修正案（十一）》第三百三十条第一款　违反传染病防治法的规定，有下列情形之一，引起甲类传染病以及依法确定采取甲类传染病预防、控制措施的传染病传播或者有传播严重危险的，处三年以下有期徒刑或者拘役；后果特别严重的，处三年以上七年以下有期徒刑：

……

拒绝执行县级以上人民政府、疾病预防控制机构依照传染病防治法提出的预防、控制措施。

疫情期间核酸检测插队并殴打民警，妨碍公务当判刑

【案例】

2021年1月1日，按照沈阳市疫情防控指挥部《关于开展相关地区全员核酸检测工作的通知》要求，沈阳市皇姑区某社区设置核酸检测点对该社区居民进行核酸检测，皇姑公安分局派出所民警宋某某在该核酸检测点

执勤。当日 8 时 20 分许，该社区居民 68 岁的林某彬在排队等候检测时因插队引起其他群众不满，双方发生口角。民警宋某某上前劝阻时，林某彬非但不听劝阻，反而与其子林某祥在明知宋某某系执勤民警的情况下，一同对宋某某进行殴打、撕扯、谩骂，致宋某某左面部挫伤、右肩外伤、左手拇指挫伤，防护服被撕坏。

当日，林某彬、林某祥被沈阳市公安局皇姑区分局刑事拘留。1 月 6 日，公安机关将该案移送皇姑区检察院提请批准逮捕，检察机关经审查依法对二人批准逮捕。1 月 7 日，公安机关将该案移送审查起诉。审查起诉期间，经检察官批评教育，林某彬、林某祥表示认罪悔罪，检察机关对其适用认罪认罚从宽制度，并于当日将该案向沈阳市皇姑区人民法院提起公诉。1 月 8 日，皇姑区人民法院通过远程视频方式依法公开开庭审理了此案，以二人犯妨害公务罪，分别判处林某祥有期徒刑一年，判处林某彬有期徒刑十个月。

【法律解析】

在疫情防控常态化形势下，严格落实各项措施要求，维护疫情防控秩序，保障各项工作有序开展，是及时阻断疫情传播、确保防控秩序有条不紊的关键。对以暴力、威胁方法阻碍国家机关工作人员依法履行为防控疫情而采取的防疫、检疫等措施的，根据《刑法》第二百七十七条和《关于依法惩治妨害新型冠状病毒感染肺炎疫情防控违法犯罪的意见》规定，以妨害公务罪定罪处罚；对于暴力袭击正在依法执行职务的人民警察的，从重处罚。同时，为了进一步加强对袭警行为的预防、惩治，在全社会营造敬畏法律的良好氛围，《刑法修正案（十一）》将《刑法》第二百七十七条第五款修改为"暴力袭击正在依法执行职务的人民警察的，处三年以下有期徒刑、拘役或者管制；使用枪支、管制刀具，或者以驾驶机动车撞击等手段，严重危及其人身安全的，处三年以上七年以下有期徒刑"。

【法条链接】

《关于依法惩治妨害新型冠状病毒感染肺炎疫情防控违法犯罪的意见》第二条第（一）款 以暴力、威胁方法阻碍国家机关工作人员（含在依照法律、法规规定行使国家有关疫情防控行政管理职权的组织中从事公务的人员，在受国家机关委托代表国家机关行使疫情防控职权的组织中从事公务的人员，虽未列入国家机关人员编制但在国家机关中从事疫情防控公务的人员）依法履行为防控疫情而采取的防疫、检疫、强制隔离、隔离治疗等措施的，依照刑法第二百七十七条第一款、第三款的规定，以妨害公务罪定罪处罚。暴力袭击正在依法执行职务的人民警察的，以妨害公务罪定罪，从重处罚。

平等权

"男性优先"是否合法?

【案例】

　　某公司招聘项目经理，经过严格的初试、笔试和面试，综合测试下来，林小姐名列第一，张先生名列第二，但是最终录取的却是张先生。林小姐找到公司负责人讨要说法，负责人则称此项目经理职位为男性优先，林小姐不能接受此说法，认为该公司侵犯了其平等权。那么，该公司所称的"男性优先"是否合法?

【法律解析】

　　根据《中华人民共和国宪法》(以下简称《宪法》)第三十三条的规定，中华人民共和国公民在法律面前一律平等，该公司所称的"男性优先"是不合法的。项目经理并不属于对性别有特殊要求的"不适合妇女的工种"，该公司以"男性优先"对公民以区别对待，明显是对女性的歧视，该公司的说法侵犯了林小姐的平等权。

【法条链接】

　　《宪法》第三十三条　凡具有中华人民共和国国籍的人都是中华人民共和国公民。

　　中华人民共和国公民在法律面前一律平等。

　　《中华人民共和国劳动法》(以下简称《劳动法》)第十三条　妇女享有与男子平等的就业权利。在录用职工时，除国家规定的不适合妇女的工种或者岗位外，不得以性别为由拒绝录用妇女或者提高对妇女的录用标准。

《妇女权益保障法》第二条　妇女在政治的、经济的、文化的、社会的和家庭的生活等各方面享有同男子平等的权利。

国家保护妇女依法享有的特殊权益，逐步完善对妇女的社会保障制度。禁止歧视、虐待、残害妇女。

公民住宅权

为追查丢失物品，就能随便搜查公民的住宅吗？

【案例】

某村村委会丢失了一台办公用计算机，为尽快查个水落石出，村党支部书记林某召开了党支部及村民委员会会议。在林某的建议下，会议决定，对全村进行普遍搜查。于是林某召集村中 10 名年轻人，在他的带领下，挨家挨户地搜查每个村民家庭。请问，村党支部书记林某带人搜查村民家的行为符合法律规定吗？

【法律解析】

林某的行为，触犯了《宪法》的有关规定，侵犯了公民的住宅权，应当承担相应的法律责任。《宪法》规定，公民的住宅不受侵犯。搜查是公安机关、人民检察院在办理刑事案件过程中采取的一种侦查措施，其必须按照法律规定的程序进行。林某虽身为村党支部书记，但他无权侵入公民的住宅并实施搜查行为。

【法条链接】

《宪法》第三十九条　中华人民共和国公民的住宅不受侵犯。禁止非法搜查或者非法侵入公民的住宅。

非法侵入他人家中需承担责任吗？

【案例】

小宫是一家私企职工，女友小兰与其分手之后，小宫一直对其纠缠不休。后来，小宫听说小兰有了新男友并与之同居，不禁又气又恨。为索要"情债"，小宫跑到小兰家，小兰开门后见是小宫，拒绝让他进入，小宫强行进入小兰屋内，小兰一直要求其离开，小宫就是赖着不走。无奈之下，小兰只好拨打110求助。那么，小宫的行为合法吗？

【法律解析】

小宫的行为触犯了《宪法》第三十九条"公民的住宅不受侵犯"的规定，小兰拒绝小宫进入时，小宫强行进入，并且在小兰一直要求其离开的情况下，小宫依然不肯离开，侵犯了小兰的住宅权，小宫应承担相应的责任。如果小宫有搜查他人身体、住宅等行为及故意毁坏他人财物的行为，还需承担相应的刑事责任。

【法条链接】

《宪法》第三十九条 中华人民共和国公民的住宅不受侵犯。禁止非法搜查或者非法侵入公民的住宅。

《刑法》第二百四十五条 非法搜查他人身体、住宅，或者非法侵入他人住宅的，处三年以下有期徒刑或者拘役。

第二百七十五条 故意毁坏公私财物，数额较大或者有其他严重情节的，判处三年以下有期徒刑、拘役或者罚金。故意毁坏公私财物，数额巨大或者有其他特别严重情节的，判处三年以上七年以下有期徒刑。

选举权和被选举权

具备怎样的条件才有选举权和被选举权？

【案例】

某村村民委员会马上就要进行换届选举了，上初中的小强（14岁）曾听老师说过公民具有选举权和被选举权。因此，小强非常想知道自己能否参加选举，到底具备什么条件才有选举权和被选举权呢？

【法律解析】

依照《宪法》规定，公民享有选举权和被选举权有三个条件：一是国籍条件，必须具有中华人民共和国国籍；二是年龄条件，必须年满18 岁；三是政治条件，享有选举权和被选举权的公民没有被剥夺政治权利。14 岁的中学生尚处于生长期，未达 18 岁，不具有完全民事行为能力，没有足够的认知能力享有法律意义上的选举权和被选举权。但对于在学校和班级内担任学生干部来说，学生享有选举权和被选举权，且选举权和被选举权人人平等。

【法条链接】

《宪法》第三十四条　中华人民共和国年满十八周岁的公民，不分民族、种族、性别、职业、家庭出身、宗教信仰、教育程度、财产状况、居住期限，都有选举权和被选举权；但是依照法律被剥夺政治权利的人除外。

人权与人身自由权

什么是人格尊严？

【案例】

孙女士去某超市购物，当其离开该店时，店门口警报器一直在鸣响。于是，该店一女保安员上前阻拦孙女士，并将孙女士强行带入保安室，女保安用手提电子探测器对其全身进行检查，还要求孙女士脱去裤子接受检查。孙女士拒绝无效，在女保安及另一名女文员在场的情况下，被迫脱裤接受检查，然而女保安并未在孙女士身上搜出任何物品。后来孙女士将女保安告上法庭，认为其侵犯了她的人格尊严。那么，什么是人格尊严呢？

【法律解析】

人格尊严是公民对自身和他人的人格价值的认识和尊重，它要求公民尊重他人的价值，同时也要求他人尊重自己的价值，从而使公民能够作为与他人平等的社会成员而与他人进行正常的交往。超市的做法侵犯了孙某的人身权、人身自由权。《宪法》《民法典》都规定了公民的人身自由和人格尊严的权利。此外，《消费者权益保护法》也对消费者的人格尊严权利做了明确的规定。这些规定在法律层面上防范了经营者以各种理由对消费者的人格尊严、人身自由权利的侵犯。超市怀疑顾客盗窃，应向公安机关报案后，由公安机关依法处理，超市无权对消费者进行"搜身"，更无权对消费者由异性进行"搜身"。

【法条链接】

《宪法》第三十八条　中华人民共和国公民的人格尊严不受侵犯。禁止用任何方法对公民进行侮辱、诽谤和诬告陷害。

《民法典》总则编第一百零九条　自然人的人身自由、人格尊严受法律保护。

第一百一十条　自然人享有生命权、身体权、健康权、姓名权、肖像权、名誉权、荣誉权、隐私权、婚姻自主权等权利。

......

《民法典》第九百九十条　人格权是民事主体享有的生命权、身体权、健康权、姓名权、名称权、肖像权、名誉权、荣誉权、隐私权等权利。

除前款规定的人格权外，自然人享有基于人身自由、人格尊严产生的其他人格权益。

第九百九十一条　民事主体的人格权受法律保护，任何组织或者个人不得侵害。

第一千零三条　自然人享有身体权。自然人的身体完整和行动自由受法律保护。任何组织或者个人不得侵害他人的身体权。

总是接到骚扰电话，你的个人信息泄露了吗？

【案例】

自2019年2月至9月，孙某将自己从网上购买或交换得到的4万多条个人姓名、电话号码、电子邮箱等个人信息，通过微信、QQ等网络通信工具卖给刘某，获利34000元。刘某在得到这些个人信息后从事虚假外汇的推销诈骗活动。2021年1月，刘某因非法买卖个人信息罪被判赔偿34000元，并登报向社会赔礼致歉。

【法理解析】

个人信息属于人格权的范畴，个人信息包括自然人的姓名、出生日期、身份证件号码、生物识别信息、住址、电话号码、电子邮箱、健康信息、行踪信息等。

《最高人民法院关于审理利用信息网络侵害人身权益民事纠纷案件适用法律若干问题的规定》强调利用信息网络侵害个人隐私和个人信息的侵权构成要件必须为"利用网络公开个人隐私和个人信息的行为"并"造成损害"。未经他人许可，在互联网上非法买卖个人信息是违法行为。《网络安全法》第四章"网络信息安全"中规定了网络运营者在收集、使用、保存个人信息时的具体规则，《网络安全法》第七十四条明确规定："违反本法规定，给他人造成损害的，依法承担民事责任。"《民法典》生效前，《民法总则》第一百一十一条规定："自然人的个人信息受法律保护。任何组织和个人需要获取他人个人信息的，应当依法取得并确保信息安全，不得非法收集、使用、加工、传输他人个人信息，不得非法买卖、提供或者公开他人个人信息。"

《民法典》首次将个人信息与隐私权入典，体现了对个人信息的保护，可以使公民个人信息受到切实的法律保护，并作为新型人格权益随着信息技术的发展而发挥更多的功能。根据《民法典》第一百一十一条和第一千零三十四条的规定，自然人的个人信息受法律保护。任何组织或个人需要获取他人个人信息的，应当依法取得并确保信息安全，不得非法收集、使用、加工、传输他人个人信息，也不得非法买卖、提供或者公开他人个人信息。同时，《民法典》第一千一百八十二条规定，侵害他人人身权益造成财产损失的，按照被侵权人因此受到的损失或者侵权人因此获得的利益赔偿。被告孙某未经他人许可，在互联网上公然非法买卖、提供个人信息，导致众多不特定人员的信息长期遭受侵害，扰乱个人信息正常的收集、使用、流通秩序，损害了社会公共利益。

【法条链接】

《最高人民法院关于审理利用信息网络侵害人身权益民事纠纷案件适用法律若干问题的规定》第十二条　网络用户或者网络服务提供者利用网络公开自然人基因信息、病历资料、健康检查资料、犯罪记录、家庭住址、私人活动等个人隐私和其他个人信息，造成他人损害，被侵权人请求其承担侵权责任的，人民法院应予支持。

《网络安全法》第四十四条　任何个人和组织不得窃取或者以其他非法方式获取个人信息，不得非法出售或者非法向他人提供个人信息。

第七十四条　违反本法规定，给他人造成损害的，依法承担民事责任。

《民法典》第一百一十一条　自然人的个人信息受法律保护。任何组织或者个人需要获取他人个人信息的，应当依法取得并确保信息安全，不得非法收集、使用、加工、传输他人个人信息，不得非法买卖、提供或者公开他人个人信息。

第一千零三十四条　自然人的个人信息受法律保护。个人信息是以电子或者其他方式记录的能够单独或者与其他信息结合识别特定自然人的各种信息，包括自然人的姓名、出生日期、身份证件号码、生物识别信息、住址、电话号码、电子邮箱、健康信息、行踪信息等。

个人信息中的私密信息，适用有关隐私权的规定；没有规定的，适用有关个人信息保护的规定。

第一千一百八十二条　侵害他人人身权益造成财产损失的，按照被侵权人因此受到的损失或者侵权人因此获得的利益赔偿；

被侵权人因此受到的损失以及侵权人因此获得的利益难以确定，被侵权人和侵权人就赔偿数额协商不一致，向人民法院提起诉讼的，由人民法院根据实际情况确定赔偿数额。

受教育的权利与义务

接受义务教育仅仅是公民的权利吗？

【案例】

在社会上一些不良思想的影响下，有的家长产生了"读书无用"的观点，他们认为孩子花钱读书，即使能考上中专、大学，也找不到工作，跳不出农门，孩子还不如不读书，趁早打工赚钱。还有的学生家长认为，接受教育是孩子的权利，孩子可以放弃此项权利。请问，接受义务教育仅仅是公民的权利吗？

【法律解析】

接受义务教育不仅是公民的权利，也是公民必须履行的义务。义务教育是国家统一实施的所有适龄儿童、少年必须接受的教育，是国家必须予以保障的公益性事业。适龄儿童、少年的父母或者其他法定监护人应当依法保证其按时入学接受并完成义务教育。

【法条链接】

《宪法》第四十六条　中华人民共和国公民有受教育的权利和义务。

国家培养青年、少年、儿童在品德、智力、体质等方面全面发展。

《中华人民共和国义务教育法》(以下简称《义务教育法》)第二条第二款　义务教育是国家统一实施的所有适龄儿童、少年必须接受的教育，是国家必须予以保障的公益性事业。

第四条　凡具有中华人民共和国国籍的适龄儿童、少年，不分性别、民族、种族、家庭财产状况、宗教信仰等，依法享有平等接受义务教育的权利，并履行接受义务教育的义务。

民事权益篇

民事权益与民事活动

公民民事权利能力与民事行为能力

"住所"和"居所"是一回事吗?

【案例】

楚某原户籍所在地是北京市,2020年春节后楚某从北京市迁出,迁往上海市,在去户籍登记处的路上发生了车祸,后住院半年。出院后,楚某在上海市一朋友家休养一年,未办理任何登记手续。身体康复后他又前往深圳打工,并依法在深圳办理了暂住证,居住期限为六个月。现在楚某决定为自己购买一份保险,那么他的法定住所一栏应如何填写呢?

【法律解析】

楚某仍应依照自己在北京市的户籍所在地地址填写。我国法律规定公民的法定住所地以户籍所在地为准,经常居住地与住所不一致的,应以经常居住地为准。所谓经常居住地,是指公民离开住所地最后连续居住一年以上的地方,住医院治病的除外。在确定当事人的住所时,经常居所相较于登记的住所具有一定的优先性。公民由其户籍所在地迁出后至迁入另一地之前,无经常居住地的,仍以其原户籍所在地为住所。本案中因为楚某在上海一年期间没有办理任何登记手续,所以不能视上海为其经常居住地。综上所述,由于楚某从北京迁出后并没有经常居住地,所以其法定住所仍应以北京的户籍所在地地址为准。

【法条链接】

《民法典》第二十五条 自然人以户籍登记或者其他有效身份登记记载的居所为住所;经常居所与住所不一致的,经常居所视为住所。

《最高人民法院关于贯彻执行〈中华人民共和国民法通则〉若干问题的意见(试行)》(以下简称《民法通则意见》)第九条 公民离开住所地最后连续居住1年以上的地方,为经常居住地。但住医院治疗的除外。

公民由其户籍所在地迁出后至迁入另一地之前，无经常居住地的，仍以其原户籍所在地为住所。

对婴儿出生日期有异议，以什么为准?

【案例】

眼看毛毛的周岁生日就要到了，可妈妈却对毛毛的法定出生日期到底是哪一天犯了嘀咕。医院出具的出生证明上记载的是 6 月 5 日，可在毛毛的户口本上登记的却是 6 月 4 日。那么，毛毛的法定出生日期到底应以哪个为准?

【法律解析】

毛毛的法定出生日期应以出生证明上记载的日期为准。根据我国有关法律的规定，自然人的出生时间和死亡时间，以出生证明、死亡证明记载的时间为准；没有出生证明、死亡证明的，以户籍登记或者其他有效身份登记记载的时间为准。有其他证据足以推翻以上记载时间的，以该证据证明的时间为准。由此可知，认定婴儿出生日期的标准首先为出生证明。本案中，毛毛的出生证明上记载的日期是 6 月 5 日，那么就应认定这一天为毛毛的法定出生日期。

【法条链接】

《民法典》第十五条 自然人的出生时间和死亡时间，以出生证明、死亡证明记载的时间为准；没有出生证明、死亡证明的，以户籍登记或者其他有效身份登记记载的时间为准。有其他证据足以推翻以上记载时间的，以该证据证明的时间为准。

5 岁的孩子具有民事权利吗?

【案例】

小杰家境颇好，2009 年 6 月 10 日是小杰 5 岁的生日，为了庆祝这一喜庆的日子，家里每个人都准备了丰厚的礼物。爸爸为小杰购买了人身意外保险，妈妈为小杰购买了一把小提琴，而爷爷用自己的养老金以小杰的名义购买了一套商品房作为生日礼物。请问，小杰能作为买卖合同的当事人购买商品房吗?

【法律解析】

　　小杰可以成为买卖合同的当事人。因为能否成为合同的当事人，涉及的是权利能力的法律范畴，而不是行为能力的法律关系。我国法律规定公民从出生到生命终止都具有民事权利能力，依法享有民事权利。因此，5岁的小杰具有民事权利能力，也依法享有民事权利。法律还规定公民的民事权利能力一律平等。也就是说，公民的民事权利不因年龄大小而发生改变。在本案中，不管小杰是5岁还是50岁，或者是100岁，他都享有民事权利能力，可以依法行使自己的民事权利。

【法条链接】

　　《民法典》第十三条　自然人从出生时起到死亡时止，具有民事权利能力，依法享有民事权利，承担民事义务。

　　第十四条　自然人的民事权利能力一律平等。

7岁的孩子有权接受奖金吗?

【案例】

　　方小姐饲养的一只牧羊犬近日走失，为了尽快找到爱犬，方小姐在电视和报纸上发布寻狗启事：本人丢失牧羊犬一只，有知其下落或者将其送回者将奖励1000元。7岁的小明在放学回家的路上遇到此犬，并将其送还方小姐。方小姐见小明还是个孩子，便以小明是无民事行为能力人无权获得奖励为由拒绝支付奖金。那么，7岁的小明真的无权接受奖金吗?

【法律解析】

　　小明有权获得奖金。虽然我国法律规定了无民事行为能力人不能亲自实施法律行为，但同时法律也规定了无民事行为能力人、限制民事行为能力人接受奖励、赠与、报酬，他人不得以行为人无民事行为能力、限制民事行为能力为由，主张其行为无效。也就是说，本案中小明虽然不能亲自实施法律行为，但这并不能成为方小姐拒付奖金的理由，因为启事中所说的是符合法律条文的报酬，据此可以认定小明有权利获得1000元的奖金。

【法条链接】

　　《民法通则意见》第六条　无民事行为能力人、限制民事行为能力人接受奖励、赠与、报酬，他人不得以行为人无民事行为能力、限制民事行为能力为由，主张以上行为无效。

16 周岁少年的交易行为有效吗？

【案例】

赵某在过 16 周岁生日时收到了爷爷奶奶给的 8000 元红包，赵某很高兴，遂拿着钱自己去商场购买了一台心仪已久的价值 8000 元的笔记本电脑，后来被赵某父母发现，他们要求赵某将电脑退回，赵某不从。于是其父母拿着笔记本电脑返回商场，以赵某是未成年人为由要求退货。那么，赵某的行为到底是否有效呢？

【法律解析】

赵某买电脑的行为属于法律规定的"效力待定"行为。效力待定是指行为成立时，是有效还是无效尚不能确定，需待以后一定事实的发生来确定其效力的民事行为。具体到本案中，赵某购买笔记本电脑的行为是在其 16 周岁生日的当天，可见，赵某并不能视为完全民事行为能力人。限制民事行为能力人订立的合同，经法定代理人追认后，该合同有效，也就是说，赵某买笔记本电脑的行为须经其父母追认后才能确定为有效。

【法条链接】

《民法典》第十七条 十八周岁以上的自然人为成年人。不满十八周岁的自然人为未成年人。

第十九条 八周岁以上的未成年人为限制民事行为能力人，实施民事法律行为由其法定代理人代理或者经其法定代理人同意、追认；但是可以独立实施纯获利益的民事法律行为或者与其年龄、智力相适应的民事法律行为。

第一百四十五条 限制民事行为能力人实施的纯获利益的民事法律行为或者与其年龄、智力、精神健康状况相适应的民事法律行为有效；实施的其他民事法律行为经法定代理人同意或者追认后有效。

相对人可以催告法定代理人自收到通知之日起三十日内予以追认。法定代理人未作表示的，视为拒绝追认。民事法律行为被追认前，善意相对人有撤销的权利。撤销应当以通知的方式作出。

监　护

单亲父母无力抚养孩子，能将孩子送人吗？

【案例】

小红的父亲因病早逝，母亲的身体状况也很差，根本没有能力抚养小红。小红的母亲只好将其送给家境殷实且无子女的远房亲戚收养，很快到民政部门办了收养手续。小红的爷爷知道后非常生气，认为自家的孙女未经其允许就给了别人，于是向法院起诉小红的母亲，称自己也是小红的监护人，其母办理的收养手续无效，请求依法取回自己对小红的监护权。那么，小红爷爷的请求会得到法院的支持吗？

【法律解析】

小红爷爷的请求无法得到法院的支持。根据我国有关法律规定，夫妻一方死亡后，另一方如果没有能力抚养子女将其送给他人收养，而收养方对子女的健康成长无不利，且又办理合法的收养手续的，其收养关系成立。其他有监护资格的人不得以收养未经其同意主张收养关系无效。本案中，小红的父亲早逝，母亲又无能力抚养小红才将其送给他人收养，且收养的家庭没有对其健康成长不利，又办理了合法的收养手续。因此，小红的母亲将小红送给他人收养的行为有效，小红的爷爷无权干涉。

【法条链接】

《民法通则意见》第二十三条　夫妻一方死亡后，另一方将子女送给他人收养，如收养对子女的健康成长并无不利，又办了合法收养手续的，认定收养关系成立；其他有监护资格的人不得以收养未经其同意而主张收养关系无效。

第一千零九十四条第三款　下列个人、组织可以作送养人：

……

（三）有特殊困难无力抚养子女的生父母。

亲生父亲能被剥夺监护权吗？

魏某与甄某婚后一年生下一女小凤，一家三口过得非常幸福。可是好景不长，甄某在一次下班途中遭遇车祸身亡，魏某伤心不已，很长一段时间无法正常生活，不得已将小凤送到岳母家。经过一年多的调整，魏某渐渐找到了生活的勇气，他决定给女儿小凤更多的爱，让她不致因失去母亲而缺少家庭关爱。但当他去岳母家接小凤回家时，岳母却称自己也是小凤的监护人，也有能力抚养小凤，让魏某以后不要再管了。魏某岳母的做法合法吗？

【法律解析】

魏某岳母的行为侵犯了魏某的权利。我国法律规定，未成年人的父母是未成年人的监护人。只有出现监护权被剥夺、移转或者消灭，监护权才终止。但剥夺监护权只能由人民法院依法律程序进行，监护权的移转也需要监护人将监护权交他人行使，监护权的消灭只有未成年子女成年或死亡才能成立。本案中魏某是小凤的法定监护人，且充分履行了监护人的职责，不存在法律规定的任何除外情形，所以其岳母无权不让魏某抚养自己的女儿。

【法条链接】

《民法典》第二十七条　父母是未成年子女的监护人。

未成年人的父母已经死亡或者没有监护能力的，由下列有监护能力的人按顺序担任监护人：

（一）祖父母、外祖父母；

（二）兄、姐；

（三）其他愿意担任监护人的个人或者组织，但是须经未成年人住所地的居民委员会、村民委员会或者民政部门同意。

第三十条　依法具有监护资格的人之间可以协议确定监护人。协议确定监护人应当尊重被监护人的真实意愿。

第三十四条第二款　监护人依法履行监护职责产生的权利，受法律保护。

离婚后，父母该如何行使对孩子的监护权？

【案例】

女孩芳芳4岁时父母因生活琐事经常吵架，最终导致离婚。法院判定，芳芳跟随母亲生活，父亲按时给芳芳生活费。但离婚后芳芳的母亲就搬离了原来的生活住处，也没有通知前夫。芳芳的父亲思女心切，几经打听终于找到了她们母女，但芳芳的母亲拒绝让前夫见女儿，还声称如果前夫再骚扰她们，她就报警。芳芳的爸爸很苦恼，他有权见到自己心爱的女儿吗？

【法律解析】

芳芳的爸爸可以见到自己的女儿。我国法律规定，父母是未成年人的法定监护人，依法享有监护权。父母分居或离异，其监护人的资格不受影响。也就是说，与子女共同生活的一方无权取消对方对子女的监护权。除非一方对子女有犯罪行为、虐待行为或者对子女有明显不利的，可以由人民法院取消其监护权。本案中，芳芳的爸爸是芳芳的监护人之一，依法享有监护权，他没有虐待孩子或者明显对其不利的行为，所以芳芳的母亲无权拒绝前夫探视女儿。

【法条链接】

《民法典》第二十七条第一款 父母是未成年子女的监护人。

《民法通则意见》第二十一条 夫妻离婚后，与子女共同生活的一方无权取消对方对该子女的监护权；但是，未与该子女共同生活的一方，对该子女有犯罪行为、虐待行为或者对该子女明显不利的，人民法院认为可以取消的除外。

《民法典》婚姻家庭编第一千零八十六条第一款 离婚后，不直接抚养子女的父或母，有探望子女的权利，另一方有协助的义务。

未成年人致人损伤的，由谁承担责任？

【案例】

陈某11岁的儿子小军活泼好动，常常惹出一些麻烦。星期天下午，小军在小区内与小伙伴一起玩，不小心将伙伴小鹏推倒在地，造成小鹏小腿擦伤，送到医院治疗。后来，小鹏的家长找到陈某，说要告小军。陈某觉得莫名其妙，小军才11岁，告他没有法律依据，小军无须承担责任。陈某的理由成立吗？

【法律解析】

陈某的理由不成立。依据法律规定，被监护人造成他人损害的，由监护人承担民事责任。本案中，小军将小鹏推倒导致其受伤的行为，造成了小鹏的人身伤害，侵害了小鹏的人身利益。根据"侵害公民身体造成伤害的，应当赔偿医疗费、因误工减少的收入、残废者生活补助费等费用；造成死亡的，并应当支付丧葬费、死者生前扶养的人必要的生活费等费用"这一法律规定，小军应对小鹏的身体伤害赔偿医疗费。但因为小军属于限制民事行为能力人，无力承担民事责任，所以按照《民法典》婚姻家庭编第一千零六十八条的规定，父母有行使管教权的权利和义务。当未成年子女不听从管教，犯有劣迹时，亲权人应在必要范围内采取适当措施，教育子女改恶从善。对未成年子女致人损害，应承担赔偿该受害人损失的责任，亲权人不得推诿。对于子女已经尽了监护责任的，即父母对于未成年子女造成他人损害无过失的，并不能免除父母的民事责任，而是可以减轻其赔偿责任。这种赔偿义务的承担，应当按照民法典侵权责任编第一千一百八十八条的规定进行，应由其父陈某承担民事责任。

【法条链接】

《民法典》第一千零六十八条　父母有教育、保护未成年子女的权利和义务。未成年子女造成他人损害的，父母应当承担民事责任。

《民法典》第一千一百八十八条　无民事行为能力人、限制民事行为能力人造成他人损害的，由监护人承担侵权责任。监护人尽到监护职责的，可以减轻其侵权责任。

有财产的无民事行为能力人、限制民事行为能力人造成他人损害的，从本人财产中支付赔偿费用；不足部分，由监护人赔偿。

受委托照管未成年人，
需要承担未成年人致人损害的赔偿责任吗？

【案例】

小明的爸爸妈妈因工作需要出国学习半年，在他们出国之前，将8岁的小明委托给亲戚孙某照管，并就委托责任进行了约定。在孙某照管期间，一次小明和小伙伴阿毛发生打斗，导致阿毛受伤。阿毛的父母后来找到孙某，要求其承担赔偿责任。孙某感到很无辜，理由是自己并不是小明的监护人，只是代为看管。请问这种情况下，孙某需要承担赔偿责任吗？

【法律解析】

小明的父母与孙某构成了委托监护责任。委托监护人的责任是无民事行为能力或者限制民事行为能力人造成他人损害，监护人将监护职责委托他人，监护人与委托监护人分担责任的特殊侵权责任。根据民法典规定，监护人应该按照最有利于被监护人的原则履行职责。监护人将监护职责部分或全部委托给他人的，当被监护人的侵权行为需要承担民事责任时，因监护人的职责只是暂时委托给他人，所以监护人仍应承担责任。受托人有过错时，应当承担相应的责任。本案中，孙某作为委托监护的受托人，对小明负有教育、管理和保护的义务，由于存在未尽监护职责的过失，应当就其过失造成损失的范围，承担相应的责任。

【法条链接】

《民法典》第一千一百八十九条 无民事行为能力人、限制民事行为能力人造成他人损害，监护人将监护职责委托给他人的，监护人应当承担侵权责任；受托人有过错的，承担相应的责任。

合伙与法人

法人和法定代表人应该如何理解？

【案例】

李某是某乡镇企业的法定代表人，李某在以该企业法人的名义与朋友蒋某合作经营的过程中，由于自身原因给蒋某造成了经济上的损失，蒋某要求李某承担民事责任，李某却以自己不是法人为由拒绝。到底谁应为蒋某的损失承担责任呢？

【法律解析】

作为法定代表人的李某所在企业应当承担责任。法人是具有民事权利能力和民事行为能力，依法独立享有民事权利和承担民事义务的组织，而法定代表人是依照法律或者法人组织章程规定，代表法人行使职权的负责人。由此可见，法人是一种组织，而法定代表人则是代表这个组织行使职权的自然人。也就是说，有法人才会有法定代表人，当然，没有法定代表人的法人也是不存在的。按照我国《民法典》的规定，企业法人应当对它的法定代表人的经营活动承担民事责任。所以在本案中，李某在经营中给蒋某造成的损失，应由该法人即该案例中的某乡镇企业承担民事责任。

【法条链接】

《民法典》第六十一条第二款　法定代表人以法人名义从事的民事活动，其法律后果由法人承受。

第六十二条　法定代表人因执行职务造成他人损害的，由法人承担民事责任。

法人承担民事责任后，依照法律或者法人章程的规定，可以向有过错的法定代表人追偿。

夫妻合伙承包经营，妻子应该承担亡夫的债务吗？

【案例】

村民杨某承包了一个小型林场，其妻谢某也参与经营，经营所得收益除用于家庭生活外，其余都存了起来。2018年，杨某因林场火灾意外身亡。杨某生前为经营林场曾向朋友刘某借款10万元，现在杨某已经死亡，刘某要求谢某偿还债务，但遭到谢某拒绝。请问，谢某是否应替亡夫还债？

【法律解析】

谢某应该偿还欠款。本案中，杨某与其妻谢某共同经营林场，收益用于家庭生活，其债务依法也应以家庭财产承担。我国法律规定，以家庭共有财产承担责任的，应保留家庭成员的生活必需品和必要生产工具。因此，谢某应在保留家庭成员的生活必需品和必要的生产工具后，依法承担债务，偿还丈夫杨某的欠款。

《民法典》第五十六条　个体工商户的债务，个人经营的，以个人财产承担；家庭经营的，以家庭财产承担；无法区分的，以家庭财产承担。

农村承包经营户的债务，以从事农村土地承包经营的农户财产承担；事实上由农户部分成员经营的，以该部分成员的财产承担。

人身权

死人还有名誉权吗？

【案例】

耿某的父亲曾是中共地下党员，参加过抗日战争和解放战争，多次荣立战功。新中国成立后因伤病缠身，在"文革"期间去世。2002年，李某在某报发表文章，捏造事实称耿某的父亲在抗日战争时曾叛变投敌，在"文革"期间畏罪自杀。该文发表后，给耿某及其家人的生活带来了极大影响，耿某母亲因不堪承受如此打击导致精神错乱，使本来平静的家庭生活变得一塌糊涂。无奈，耿某找到李某理论，李某却不予理会。那么，耿某应该怎么办呢？

【法律解析】

李某的行为侵害了耿某父亲的名誉权。耿某及其家人，作为其父亲的近亲属，可以向法院提起诉讼，要求李某承担相应的民事责任。根据我国有关法律规定，公民、法人享有名誉权，公民的人格尊严受法律保护，禁止用侮辱、诽谤等方式损害公民、法人的名誉。本案中的李某，故意捏造事实，给耿某及其家人生活上带来重大影响，其行为属于以诽谤方式损害耿某父亲的名誉，同时间接损害了耿某及其家人的名誉。虽然我国法律规定民事权利始于公民出生，终于死亡，但名誉作为社会对某一主体的评价，不会因主体死亡而消灭，其名誉依然受法律保护。因此，李某侵犯耿某父亲名誉的行为，应依法承担相应的民事责任。

《民法典》第一百八十五条 侵害英雄烈士等的姓名、肖像、名誉、荣誉，损害社会公共利益的，应当承担民事责任。

第一千零二十四条 民事主体享有名誉权。任何组织或者个人不得以侮辱、诽谤等方式侵害他人的名誉权。

名誉是对民事主体的品德、声望、才能、信用等的社会评价。

第九百九十四条 死者的姓名、肖像、名誉、荣誉、隐私、遗体等受到侵害的，其配偶、子女、父母有权依法请求行为人承担民事责任；死者没有配偶、子女且父母已经死亡的，其他近亲属有权依法请求行为人承担民事责任。

第九百九十五条 人格权受到侵害的，受害人有权依照本法和其他法律的规定请求行为人承担民事责任。受害人的停止侵害、排除妨碍、消除危险、消除影响、恢复名誉、赔礼道歉请求权，不适用诉讼时效的规定。

《最高人民法院关于确定民事侵权精神损害赔偿责任若干问题的解释》（以下简称《精神损害赔偿解释》）第三条 自然人死亡后，其近亲属因下列侵权行为遭受精神痛苦，向人民法院起诉请求赔偿精神损害的，人民法院应当依法予以受理：

（一）以侮辱、诽谤、贬损、丑化或者违反社会公共利益、社会公德的其他方式，侵害死者姓名、肖像、名誉、荣誉；

（二）非法披露、利用死者隐私，或者以违反社会公共利益、社会公德的其他方式侵害死者隐私；

（三）非法利用、损害遗体、遗骨，或者以违反社会公共利益、社会公德的其他方式侵害遗体、遗骨。

保安可以随便翻查别人的包吗？

【案例】

女大学生小惠在某超市购物，交款时被超市保安怀疑偷了东西。在未经查实的情况下，保安一边高喊抓小偷，一边将小惠拦住，强行将其随身所背的背包当众翻查，后证实小惠未偷任何东西。保安的行为合法吗？

保安的行为不合法，侵犯了小惠的人格尊严和名誉权。我国法律明确规定：公民、法人享有名誉权，公民的人格尊严受法律保护，禁止用侮辱、诽谤等方式损害公民、法人的名誉。人格权是指民事主体依法对其特定的人格利益享有的权利。名誉权是指民事主体对自己在社会生活中所获社会评价享有不可侵犯的权利。本案中保安在未经查实的情况下，就高喊抓小偷，认定小惠偷了东西，侵犯了小惠的人格尊严，在公众场合强行翻其背包更是侵犯了小惠的名誉权，小惠可以依法向人民法院提起诉讼。此外，法律禁止非法剥夺、限制他人行动自由。绑架、非法拘禁、非法强制住院治疗等行为，都构成对他人行动自由的侵害。同时，法律禁止非法搜查他人身体。例如，超市、商场无权因怀疑顾客偷东西而搜查顾客身体。非法搜查他人身体、限制行动自由等行为，侵犯了消费者的人格尊严、人身自由。在出现以上情形时，受害人有权请求行为人承担侵权责任。如果造成受害人严重精神损害，则受害人还有权请求消除影响，赔礼道歉并获得精神损害赔偿。

【法条链接】

《民法典》第一千零一十一条　以非法拘禁等方式剥夺、限制他人的行动自由，或者非法搜查他人身体的，受害者有权依法请求行为人承担民事责任。

《消费者权益保护法》第二十五条　经营者不得对消费者进行侮辱、诽谤，不得搜查消费者的身体及其携带的物品，不得侵犯消费者的人身自由。

第四十三条　经营者违反本法第二十五条规定，侵害消费者的人格尊严或者侵犯消费者人身自由的，应当停止侵害、恢复名誉、消除影响、赔礼道歉，并赔偿损失。

再婚后，抚养孩子的一方有权给孩子改姓吗？

【案例】

郭某与霍某婚后育有一女，后来，郭某与霍某因夫妻感情不和而离婚。法院判定幼小的女儿由妈妈郭某抚养。郭某后来认识纪某，并与纪某结婚。婚后，郭某将女儿的姓改为纪，霍某得知后向郭某提出抗议。郭某称女儿由其抚养照料，自己有权决定她的姓氏。那么，郭某的做法合法吗？

【法律解析】

郭某的做法不合法。夫妻离婚后，一方擅自将子女的姓氏更改为继父母的姓氏，很容易引起纠纷。自然人应当随父姓或母姓，但更改子女姓氏的仍然依照原来公安部颁布的有关批复，需要父母协商一致，也就是父母单方无权更改。未成年人姓父姓还是母姓，由其父母协商决定。因此，如果郭某想让女儿姓继父的姓，应与其法定监护人霍某协商决定。本案中郭某未经霍某的同意，就私自改变女儿的姓名显然侵犯了霍某的姓名权，应当承担相应的民事责任。

【法条链接】

《最高人民法院关于适用〈中华人民共和国民法典〉继承编的解释（一）》中明确，父母不得因子女变更姓氏而拒付营养费。父或者母擅自将子女姓氏改为继母或继父姓氏而引起纠纷的，应当责令恢复原姓氏。

别人冒用了你的姓名，应该怎么办？

【案例】

徐某以优异的成绩考入县重点高中，无奈家中贫寒，无力支付其学费，只好辍学外出打工。几年后的一次偶然机会，他得知原来的同班同学杨某，利用其父与当时校长的私人关系，冒用徐某当时中考的成绩进入重点高中读书，后考入大学。至今，杨某依然在用徐某的名字参与各种社会活动。请问，杨某要对徐某承担什么责任？

【法律解析】

杨某侵犯了徐某的姓名权，应当承当相应的民事责任。我国法律明确规定，公民享有姓名权，有权决定、使用和依照规定改变自己的姓名，禁止他人干涉、盗用、假冒。也就是说，任何人干涉、盗用、假冒公民姓名的行为，都构成对公民姓名权的侵害。杨某为达到上重点高中的目的，盗用了徐某的姓名，以徐某的姓名读高中、大学、参加社会活动的行为依法定性为盗用他人的姓名权，属于违法行为。另据《民法通则意见》规定，教唆、帮助他人实施侵权行为的人，为共同侵权人，应当承担连带民事责任。由此可见，杨某的父亲与当时的校长是共同的侵权人，应当承担连带民事责任。

【法条链接】

《民法典》第一千零一十四条　任何组织或者个人不得以干涉、盗用、假冒等方式侵害他人的姓名权或者名称权。

《民法典》第一千一百六十八条　二人以上共同实施侵权行为，造成他人损害的，应当承担连带责任。

民事责任

小孩在单位被爆竹炸伤，谁来赔偿？

【案例】

陈大姐在一家烟花爆竹厂上班，工作比较忙，经常加班。由于7岁的儿子巍巍周末无人看管，陈大姐就将其带到单位。一天，巍巍在厂房外面玩耍时，一挂小爆竹突然爆炸，将巍巍的手臂、腿部等多处炸伤。事后，陈大姐要求单位承担儿子的赔偿责任，陈大姐的单位应当承担责任吗?

【法律解析】

陈大姐的单位应当承担赔偿责任。陈大姐单位的管理人员，明知烟花爆竹为易燃易爆品，却未采取相应的安全措施，以致进入单位的小孩被爆竹炸伤，发生伤害事故，具有不可推卸的责任，应承担相应的民事赔偿责任。根据我国民法的相关规定，7岁小孩属于无民事行为能力人，作为其法定监护人的家长，未尽到监护责任，也有过错，因此可以适当减轻单位的责任。

【法条链接】

《民法典》第一千二百三十九条　占有或者使用易燃、易爆、剧毒、高放射性、强腐蚀性、高致病性等高度危险物造成他人损害的，占有人或者使用人应当承担侵权责任;但是，能够证明损害是因受害人故意或者不可抗力造成的，不承担责任。被侵权人对损害的发生有重大过失的，可以减轻占有人或者使用人的责任。

第一千二百四十三条　未经许可进入高度危险活动区域或者高度危险物存放区域受到损害，管理人能够证明已经采取足够安全措施并尽到充分警示义务的，可以减轻或者不承担责任。

第一千二百四十四条　承担高度危险责任，法律规定赔偿限额的，依照其规定，但是行为人有故意或者重大过失的除外。

无意中伤害别人，需要承担责任吗？

【案例】

李某和钟某是大学同学，两人的关系很好，都非常喜爱运动，特别是篮球。一天，两人约了班里的其他同学一起去操场打篮球。在比赛中，争抢篮板球时李某无意中手肘击到钟某眉骨，造成钟某眉骨破裂，钟某到校医院治疗时花费了近3500元。后来钟某找到李某，要求其支付自己的医疗费，李某以自己并非故意为由，拒绝支付。请问，钟某应该怎么办呢？

【法律解析】

钟某可以向李某要求赔偿。本案中，虽然李某是在比赛时无意中伤到钟某的，主观上并不存在故意，但是造成了伤害钟某的事实，李某的行为已构成侵权。根据"公民、法人由于过错侵害国家的、集体的财产，侵害他人财产、人身的，应当承担民事责任"这一法律规定可知，虽然李某的行为只是过失，但侵犯了钟某的人身权，钟某有权向李某索赔。

【法条链接】

《民法典》第一千一百六十七条　侵权行为危及他人人身、财产安全的，被侵权人有权请求侵权人承担停止侵害、排除妨碍、消除危险等侵权责任。

路人被街道旁的广告牌砸伤，该怎么办？

【案例】

一天，小孙和朋友一起逛街，在行至某商场门前时，突然该商场悬挂在门前的广告牌跌落，将小孙砸成重伤。朋友立即将小孙送往医院，在医院治疗期间，一共花去医药费2万余元。据悉，该商场悬挂广告牌是为了宣传促销活动。小孙能找商场索取赔偿吗？

【法律解析】

小孙可以找商场索取民事赔偿。我国相关法律规定，建筑物、构筑物或者其他设施以及建筑物上的搁置物、悬挂物发生脱落、坠落造成他人损害，其所有人或者管理人应当承担民事责任，但能够证明自己没有过错的除外。广告牌是建筑物上的悬挂物，因它致人损害的，只要受害人无过错，都应由广告牌的所有人或者管理人承担民事赔偿责任。本案例中行人小孙无任何过错，被广告牌砸伤，作为广告牌的所有人，商场没有尽到维护广告牌安全的义务，导致小孙受到伤害。所以，商场应当承担赔偿责任。

【法条链接】

《民法典》第一千二百五十三条　建筑物、构筑物或者其他设施及其搁置物、悬挂物发生脱落、坠落造成他人损害，所有人、管理人或者使用人不能证明自己没有过错的，应当承担侵权责任。所有人、管理人或者使用人赔偿后，有其他责任人的，有权向其他责任人追偿。

容器遭雷击爆炸致人损失，是天灾吗？

【案例】

某硫酸厂距离程某的鱼塘不足1公里。一天夜里，硫酸厂的一个容器罐遭到雷击发生爆炸。大量硫酸外溢，流进了程某的鱼塘，致使程某养殖的鱼全部死亡，给其造成重大损失。程某得知是硫酸厂的原因后，要求硫酸厂的负责人赔偿其经济损失。而硫酸厂则认为硫酸外溢是因为天灾，属于不可抗力，自己无须承担责任。硫酸厂的抗辩理由成立吗？

【法律解析】

硫酸厂的抗辩理由不成立。本案中，虽然容器是遭到雷击发生爆炸，但硫酸具有高度的危险性。适用高度危险作业致人损害民事责任的相关法条，只要实施了对周围环境有高度危险的作业行为，并造成了他人损害，就应该承担赔偿责任，而不论作业人的活动是否具有违法性，是否尽到了应有的注意义务。也就是说，因为硫酸厂从事的是高度危险作业，适用无过错责任原则。所以，硫酸厂不能简单地以容器爆炸属于不可抗力为理由而拒绝赔偿给程某造成的损失。

【法条链接】

《民法典》第一千二百三十九条　占有或者使用易燃、易爆、剧毒、高放射性、强腐蚀性、高致病性等高度危险物造成他人损害的，占有人或者使用人应当承担侵权责任；但是，能够证明损害是因受害人故意或者不可抗力造成的，不承担责任。被侵权人对损害的发生有重大过失的，可以减轻占有人或者使用人的责任。

诉讼时效

借条未写明还款日期，该怎么办？

【案例】

盛某于 2016 年 10 月 14 日借给朋友林某现金 5 万元，并写下借条，但借条未写明还款日期。2019 年，盛某因家中有事急需用钱，遂找到林某，要求林某归还欠款，但林某不予理睬。盛某应如何收回自己的借款？

【法律解析】

盛某与林某既然在借款后写有借条，说明二人之间的借贷合同已经成立。由于借条中没有明确还款的具体期限，根据《民法典》合同编的相关规定，盛某作为债权人，有权随时要求收回自己的全部借款，林某应及时履行自己的还款义务。本案中，盛某于 2019 年要求林某还款未果，也就是说盛某的债权自此时开始遭受林某的不法侵害。所以，盛某只要于其后的三年内向人民法院主张自己的权利，人民法院都应予以支持。

【法条链接】

《民法典》第五百一十一条第四款　当事人就有关合同内容约定不明确，依据前条规定仍不能确定的，适用下列规定：

……

（四）履行期限不明确的，债务人可以随时履行，债权人也可以随时请求履行，但是应当给对方必要的准备时间。

《民法典》第一百八十八条　向人民法院请求保护民事权利的诉讼时效期间为三年。法律另有规定的，依照其规定。

诉讼时效期间自权利人知道或者应当知道权利受到损害以及义务人之日起计算。法律另有规定的，依照其规定。但是自权利受到损害之日起超过二十年的，人民法院不予保护；有特殊情况的，人民法院可以根据权利人的申请决定延长。

如何才能保住诉讼时效？

【案例】

2018年6月12日，方某向李某借款18万元，并写了借条，但未写明还款期限。方某在2018年12月还了2万元，李某给他打了收条。但从此以后方某全家三口不知去向，至今快3年了，李某竭尽全力寻找债务人但一直没有找到。在借款之后半年还款2万元，时效应该怎样计算？李某怎样做才能保住诉讼时效？

【法律解析】

没有履行期限的债权请求权，从债权人主张权利时诉讼时效开始起算。但是债务人在借款之后半年还款2万元，是履行义务的表现。这一行为方式发生在诉讼时效进行当中，即产生诉讼时效中断的法律后果。因此本案的诉讼时效从2018年12月方某还款时重新计算，此时效期间为3年。为了保住诉讼时效，李某可以到方某的住所地人民法院起诉，公告送达，之后进行缺席判决，虽然找不到债务人无法执行，但是可以使诉讼时效中断。

【法条链接】

《民法典》第一百九十五条　有下列情形之一的，诉讼时效中断，从中断、有关程序终结时起，诉讼时效期间重新计算：

（一）权利人向义务人提出履行请求；

（二）义务人同意履行义务；

（三）权利人提起诉讼或者申请仲裁；

（四）与提起诉讼或者申请仲裁具有同等效力的其他情形。

因意外事故下落不明，诉讼时效从何时起算？

【案例】

2018 年 12 月，高某在港口作业过程中，不小心被一阵大浪冲下海，他没有穿救生衣而且当时风大浪大，至今下落不明。事后高某的家人要求船主赔偿，但对赔偿金额双方无法协商一致，现在已经快 2 年了。如果起诉，时效从什么时候计算？

【法律解析】

高某的家人应当在事故发生之日起满 2 年后向人民法院提出申请，请求法院宣告高某死亡。高某的家人要求船主赔偿的诉讼时效应从高某死亡结果发生日（即法院判决宣告其死亡之日）起计算时效。在海上或者通海水域进行航运、作业，或者港口作业过程中发生的人身伤亡事故引起的损害赔偿纠纷案件，应当由海事法院管辖。

【法条链接】

《民法典》第四十六条　自然人有下列情形之一的，利害关系人可以向人民法院申请宣告该自然人死亡：

（一）下落不明满四年；

因意外事件，下落不明满二年。

因意外事件下落不明，经有关机关证明该自然人不可能生存的，申请宣告死亡不受二年时间的限制。

……

第四十八条　被宣告死亡的人，人民法院宣告死亡的判决作出之日视为其死亡的日期；因意外事件下落不明宣告死亡的，意外事件发生之日视为其死亡的日期。

下大雪耽误了诉讼时效怎么办？

【案例】

2018 年 12 月，杨某通过电视购物，汇款到上海某公司购买了一部手机。可是货到之后，用了不到 1 个月就坏了。之后杨某多次打电话给该公司要求更换，但对方总是拖延时间。将近 1 年时，杨某决定到该公司所在地法院起诉。但恰逢下大雪，铁路停运。大雪过后铁路恢复正常时，已经超过法定的诉讼期限。这种情况下杨某该怎么办？

【法律解析】

杨某作为本案的当事人，由于不可抗拒的自然灾害导致耽误诉讼期间，可以申请期间顺延。对于当事人的申请，法院认为符合法定条件的，应当作出裁定批准顺延。

【法条链接】

《民法典》第一百九十四条　在诉讼时效期间的最后六个月内，因下列障碍，不能行使请求权的，诉讼时效中止：

（一）不可抗力；

……

（五）其他导致权利人不能行使请求权的障碍。

自中止时效的原因消除之日起满六个月，诉讼时效期间届满。

《民事诉讼法》第八十三条　当事人因不可抗拒的事由或者其他正当理由耽误期限的，在障碍消除后的十日内，可以申请顺延期限，是否准许，由人民法院决定。

婚姻家庭篇

为家撑起保护伞

结 婚

精神病患者可以结婚吗?

【案例】

小杨计划今年与女友小周登记结婚,但是女友患有间歇性精神病,小杨听朋友说患有精神病的人是不能结婚的。对此,小杨感到疑惑,他认为女友的病并不是经常发作,意识清醒的时候表示愿意和自己结婚,难道不可以吗?那么,他们能否结婚呢?

【法律解析】

小杨与女友可以结婚。《婚姻法》(已失效)中第十条将疾病婚列为禁止结婚的情形,如有则婚姻无效的规定。《民法典》婚姻家庭编取消了这一规定,将疾病婚从无效婚姻转为可撤销婚姻,是保护婚姻自由的体现,保护存在重大疾病但又有意愿结婚的人,享有缔结婚姻的权利。疾病婚,是指患有医学上认为不应当结婚的疾病者禁止结婚,一般涉及严重遗传性疾病、指定传染病、有关精神病三类疾病。《民法典》第一千零五十一条将疾病婚这一情形排除在外,明确婚姻无效的情形只有三个,分别为重婚、有禁止结婚的亲属关系、未到法定婚龄。因此,患有精神疾病者仍有结婚的权利,只要对方知情并双方自愿结婚,其婚姻自由受法律保护。如果对方不知情,也并非一概否认婚姻登记的效力,而是赋予对方以撤销权,由对方自主决定是否撤销婚姻。因此,患有精神疾病的一方,应在结婚前如实告知另一方,否则另一方有权请求法院撤销婚姻。

【法条链接】

《民法典》第一千零五十三条 一方患有重大疾病的,应当在结婚登记前如实告知另一方;不如实告知的,另一方可以向人民法院请求撤销婚姻。

请求撤销婚姻的，应当自知道或者应当知道撤销事由之日起一年内提出。

服刑期间可以结婚吗?

【案例】

吕某在一起打架斗殴事件中致使他人重伤，被法院认定犯有故意伤害罪，判处三年有期徒刑。吕某和女友的感情一直很深，加上吕某的母亲希望儿子能够尽早结婚，以完成自己的心愿。于是吕某和女友商量之后决定结婚，可是吕某正在服刑。请问，他们可以结婚吗?

【法律解析】

我国法律没有明确规定在服刑的人能否结婚，但是根据《婚姻法》第八条的规定，要求结婚的男女双方必须亲自到婚姻登记机关进行结婚登记。符合本法规定的，予以登记，发给结婚证。这就规定了结婚这一重大的民事行为具有人身属性，不能由他人代理，正在服刑期间的人丧失了人身自由，无法亲自实施结婚这一法律行为。服刑人员申请办理婚姻登记，应当经过监狱亲自到婚姻登记机关提出申请并出具有效的身份证件；服刑人员无法出具身份证件的，可由监狱管理部门出具有关证明材料。缓刑、假释的人，在缓刑或者假释期间，他们的恋爱与结婚问题，只要合于婚姻法规定的条件，是可以允许的。

【法条链接】

《关于贯彻执行〈婚姻登记条例〉若干问题的意见》第十条　关于服刑人员的婚姻登记问题。

服刑人员申请办理婚姻登记，应当亲自到婚姻登记机关提出申请并出具有效的身份证件；服刑人员无法出具身份证件的，可由监狱管理部门出具有关证明材料。

办理服刑人员婚姻登记的机关可以是一方当事人常住户口所在地或服刑人员监狱所在地的婚姻登记机关。

事实婚姻受法律保护吗？

【案例】

小马和小魏都达到了法定结婚年龄，他们按照当地习俗，在家里宴请亲朋好友和乡亲们，举办了结婚仪式，但两人一直没有到所属婚姻登记机关进行登记。那么，他们的婚姻合法吗，受法律保护吗？

【法律解析】

小马和小魏虽然按习俗办了婚事，但没有办理结婚登记，法律对事实婚姻关系已经不再保护。根据《民法典》婚姻家庭编的规定，小马和小魏两人不符合结婚实质要件，如果在婚姻关系上发生纠纷，那么他们必须在补办结婚登记的前提下，婚姻才能得到法律保护，而且婚姻关系的效力可以追溯至双方均符合结婚的实质要件时起。如果双方不补办结婚登记，其关系为非婚同居关系，非婚同居包括以夫妻名义共同生活、符合结婚实质要件的"事实婚姻"关系和不以夫妻名义共同生活的各类同居关系。事实婚姻和同居关系的双方均不具有合法的婚姻关系。《民法典》将非婚同居关系依然纳入法律规制范围，对非婚同居关系的处理主要通过最高人民法院所做的司法解释予以规制。但这并非对同居关系的鼓励，而是意图通过法律的指引，保护同居期间双方的子女以及无过错一方的合法权益。

【法条链接】

《民法典》第一千零四十九条　要求结婚的男女双方应当亲自到婚姻登记机关申请结婚登记。符合本法规定的，予以登记，发给结婚证。完成结婚登记，即确立婚姻关系。未办理结婚登记的，应当补办登记。

《最高人民法院关于适用〈中华人民共和国民法典〉婚姻家庭编的解释（一）》第六条　男女双方依据民法典第一千零四十九条规定补办结婚登记的，婚姻关系的效力从双方均符合民法典所规定的结婚的实质要件时起算。

再婚时发现离婚判决书丢失了，该怎么办？

【案例】

李某与于某经人介绍相识恋爱，于 2015 年登记结婚，后由于感情不合，李某于 2017 年向法院起诉离婚，法院于 2017 年 10 月判决李某与于某离婚。离婚后，李某回到老家生活。2019 年 10 月李某与王某相识，并确定了恋爱关系，打算于 2020 年 3 月办理结婚登记手续，后发现自己当初离婚的判决书已经丢失了，而办理结婚登记必须要出具离婚判决书才行，身处异地着急结婚的李某该怎么办呢？

【法律解析】

法院已生效的判决书效力并不会随着当事人离婚判决书的遗失而消灭，当事人可以到作出判决的法院申请再领一份，或可以到法院档案室申请调取。李某还可在互联网查阅已归档的电子诉讼档案的正卷并下载打印。李某查阅诉讼档案时只需要提供本人有效身份证件。如果委托代理人代为查阅诉讼档案的可分为两种情况：代理人为律师的，应提供律师证、律师事务所介绍信、授权委托书、被代理人（案件当事人）身份证件；代理人为非律师的，应提供代理人身份证件、被代理人（案件当事人）身份证件、授权委托书、近亲属关系证明、被代理人（案件当事人）所在社区或单位以及有关社会团体出具的代理人推荐信。

【法条链接】

《婚姻登记条例》第十七条　结婚证、离婚证遗失或者损毁的，当事人可以持户口簿、身份证向原办理婚姻登记的机关或者一方当事人常住户口所在地的婚姻登记机关申请补领。婚姻登记机关对当事人的婚姻登记档案进行查证，确认属实的，应当为当事人补发结婚证、离婚证。

当事人因《离婚证》丢失而需补领的，应持本人的身份证、户口簿、2 寸近期免冠照片，向原办理婚姻登记的机关（或一方当事人常住户口所在地婚姻登记机关）申请补领。婚姻登记机关对当事人的婚姻登记档案进行查证，确认情况属实的，为当事人补发《离婚证》。如申请补领婚姻证件的当事人已办理过婚姻登记，但无档可查的，须提供两个证明人的书面材料和证明人的身份证复印件及其他有关的证明、证件，婚姻登记机关方可办理。

婚姻的无效与可撤销

什么情形才可以申请宣告婚姻无效？

【案例】

刘某于 2017 年 2 月 14 日与丈夫举行了婚礼并领取了结婚证，现在结婚已 4 年，因夫妻感情不和想与丈夫离婚。刘某的户口簿和身份证上的出生日期是 1997 年，而她的实际出生日期为 2000 年，也就是说，她结婚的时候还不到法定年龄。她现在想到法院申请宣告婚姻无效，法院会支持刘某的申请吗？

【法律解析】

根据《民法典》婚姻家庭编的规定，未到法定婚龄的，婚姻无效。《民法典》生效后，未达法定婚龄，仍属无效婚姻。无效的婚姻自始没有法律约束力。但根据《最高人民法院关于适用〈中华人民共和国民法典〉婚姻家庭编的解释（一）》，本案中，刘某登记结婚时未到法定婚龄，其申请确认婚姻无效时已年满二十周岁，法定的无效婚姻情形已消失，故刘某的婚姻有效。

【法条链接】

《民法典》第一千零五十一条　有下列情形之一的，婚姻无效：

（一）重婚；

（二）有禁止结婚的亲属关系；

（三）未到法定婚龄。

第一千零五十四条　无效的或者被撤销的婚姻自始没有法律约束力，当事人不具有夫妻的权利和义务。同居期间所得的财产，由当事人协议处理；协议不成的，由人民法院根据照顾无过错方的原则判决。对重婚导致的无效婚姻的财产处理，不得侵害合法婚姻当事人的财产权益。当事人所生的子女，适用本法关于父母子女的规定。

婚姻无效或者被撤销的，无过错方有权请求损害赔偿。

《最高人民法院关于适用〈中华人民共和国民法典〉婚姻家庭编的解释（一）》第十条　当事人依据民法典第一千零五十一条规定向人民法院请求确认婚姻无效，法定的无效婚姻情形在提起诉讼时已经消失的，人民法院不予支持。

婚姻被法院确认无效以后能否提起上诉？

【案例】

小翠20岁的时候与同村的小壮结婚，一年以后，小翠觉得两人不合适，于是向法院申请宣告婚姻无效，法院审理后判决小翠与小壮的婚姻无效。但是小壮不想跟小翠离婚，想要上诉。那么，婚姻被法院确认无效以后还能否提起上诉？

【法律解析】

根据《民法典》婚姻法解释（一）第十一条的规定，有关婚姻效力的判决一经作出，即发生法律效力。涉及财产分割和子女抚养的，可以调解。调解达成协议后，另行制作调解书。对财产分割和子女抚养问题的判决不服的，当事人可以上诉。但对于婚姻效力的调解，如果当事人对调解不能达成协议，人民法院应当一并作出判决。因此小壮与小翠的婚姻被判无效后，小壮不能提起上诉。

【法条链接】

《最高人民法院关于适用〈中华人民共和国民法典〉婚姻家庭编的解释（一）》第十一条　人民法院受理请求确认婚姻无效案件后，原告申请撤诉的，不予准许。

对婚姻效力的审理不适用调解，应当依法作出判决。

涉及财产分割和子女抚养的，可以调解。调解达成协议的，另行制作调解书；未达成调解协议的，应当一并作出判决。

离 婚

丈夫被判刑，妻子能否要求离婚？

【案例】

　　高某由于犯罪被判长期徒刑，妻子何某觉得丈夫品行不端，不想再和他一起生活，于是向法院提起离婚诉讼，但遭到了公公婆婆等人的极力反对。在丈夫被判刑的情况下，妻子何某能否要求离婚呢？

【法律解析】

　　我国《民法典》婚姻家庭编把"感情是否确已破裂"作为判决准予或不准予离婚的标准，规定了5种情形，调解无效的，应准予离婚。有关司法解释中规定，一方被依法判处长期徒刑，或其违法、犯罪行为严重伤害夫妻感情的，视为感情确已破裂情形。

　　本案中，高某被判刑导致夫妻感情确已破裂，妻子何某要求离婚，是符合法律规定的，因此妻子何某可以要求离婚。

【法条链接】

　　《民法典》第一千零七十九条　人民法院审理离婚案件，应当进行调解；如感情确已破裂，调解无效的，应准予离婚。

　　（一）重婚或有配偶者与他人同居的；

　　（二）实施家庭暴力或虐待、遗弃家庭成员的；

　　（三）有赌博、吸毒等恶习屡教不改的；

　　（四）因感情不和分居满二年的；

　　（五）其他导致夫妻感情破裂的情形。

　　一方被宣告失踪，另一方提出离婚诉讼的，应准予离婚。

　　经人民法院判决不准离婚后，双方又分居满一年，一方再次提起离婚诉讼的，应当准予离婚。

　　《最高人民法院关于人民法院审理离婚案件如何认定夫妻感情确已破裂的若干具体意见》第十一条　一方被依法判处长期徒刑，或其违法、犯罪行为严重伤害夫妻感情的。

丈夫下落不明，妻子能离婚吗？

【案例】

李某的丈夫三年前外出打工，此后杳无音信，李某和家人多方查找都没有找到，警方协助寻找也始终没有结果。于是李某想要离婚另组家庭，可由于丈夫一直找不到，她不知该怎么离婚。丈夫下落不明，妻子能否离婚呢？

【法律解析】

夫妻一方如果离家杳无音信满两年，另一方想要离婚，可以按照宣告失踪程序宣告其失踪后，再向人民法院起诉离婚；如果对方杳无音信满四年，另一方想离婚，可以按照宣告死亡程序宣告其死亡后，两人的婚姻关系自然消灭。本案中，李某的丈夫外出打工，三年时间里杳无音信，下落不明，李某可以依法宣告丈夫失踪，再向人民法院起诉离婚，人民法院应准予离婚。

【法条链接】

《民法典》第四十条　自然人下落不明满二年的，利害关系人可以向人民法院申请宣告该自然人为失踪人。

第四十六条　自然人有下列情形之一的，利害关系人可以向人民法院申请宣告该自然人死亡：

（一）下落不明满四年；

（二）因意外事件，下落不明满二年。

因意外事件下落不明，经有关机关证明该自然人不可能生存的，申请宣告死亡不受二年时间的限制。

第五十一条　被宣告死亡的人的婚姻关系，自死亡宣告之日起消除。死亡宣告被撤销的，婚姻关系自撤销死亡宣告之日起自行恢复。但是，其配偶再婚或者向婚姻登记机关书面声明不愿意恢复的除外。

《民法典》第一千零七十九条　一方被宣告失踪，另一方提起离婚诉讼的，应当准予离婚。

必须要军人同意，军人的配偶才能要求离婚吗？

【案例】

　　小郭的丈夫小陆在解放军某部工作，二人刚结婚时感情还可以，并且生有一子。后来，小陆认识了女青年小苏，二人来往频繁，多次发生不正当性关系。此事被小郭知晓后，小陆向小郭表示，自己今后一定与小苏断绝来往，好好过日子。但是背着妻子，小陆仍然偷偷与小苏不断接触。小郭觉得挽回小陆无望，于是向法院提出离婚诉讼，但是小陆坚持不肯离婚。那么，必须要军人同意，军人的配偶才能要求离婚吗？小郭的离婚请求能否得到法院的支持呢？

【法律解析】

　　军婚作为婚姻中的一种特殊形式，离婚也要按照特殊情形对待，《民法典》第一千零七十九条第五款并不适用于军婚形式。现役军人的配偶要求离婚，须得军人同意，这是对军人婚姻给予的特殊保护，对于稳定军心、巩固和提高部队战斗力起到了重要作用。但是，在军人婚姻关系中，有时军人本身有过错，如类似本案的情况，如果再按这一规定执行，对于非军人一方就不公平了。所以《民法典》婚姻家庭编第一千零八十一条规定，军人一方有重大过错的除外，以此作为对军人婚姻特殊保护的例外规定。这里"军人一方有重大过错"具体包括：重婚或有配偶者与他人同居的，实施家庭暴力或虐待、遗弃家庭成员的，有赌博、吸毒等恶习屡教不改等情形。若军人一方不同意离婚，但具有上述重大过错，法院可以判决准予离婚。本案中，现役军人小陆与情人小苏多次发生不正当的性关系，应认定军人小陆有重大过错，所以法院应判决准予小郭与小陆的离婚请求。

【法条链接】

　　《民法典》第一千零八十一条　现役军人的配偶要求离婚，应当征得军人同意，但是军人一方有重大过错的除外。

　　《最高人民法院关于适用〈中华人民共和国民法典〉婚姻家庭编的解释（一）》第六十四条　民法典第一千零八十一条所称的"军人一方有重大过错"，可以依据民法典第一千零七十九条第三款前三项规定及军人有其他重大过错致夫妻感情破裂的情形予以判断。

离婚以后，还能要求赔偿吗？

【案例】

冯女士和于先生协议离婚，并且到民政部门办理了离婚登记。就在冯女士和于先生离婚后不到3个月，冯女士得知有个女人刚刚为于先生诞下一子。离婚时冯女士就猜测丈夫在外面有情人，没想到这真的是事实。一怒之下，她决定起诉前夫，要求赔偿。现在二人已经离婚，还能到法院起诉要求赔偿吗？

【法律解析】

冯女士可以到法院提起诉讼要求损害赔偿。当事人在婚姻登记机关办理离婚登记手续后，以《民法典》第一千零九十一条规定为由向人民法院提出损害赔偿请求的，人民法院应当受理。但《婚姻法司法解释二》第二十七条第（6）款中对离婚后无过错方向法院提出损害赔偿请求的，时间界限做出了规定，即无过错方对另一方在办理离婚登记手续一年后提出损害赔偿的，不予支持。冯女士和于先生办理离婚登记手续不到一年，所以冯女士依然可以到法院起诉要求赔偿。

【法条链接】

《民法典》第一千零九十一条　有下列情形之一，导致离婚的，无过错方有权请求损害赔偿：

（一）重婚；（二）与他人同居；（三）实施家庭暴力；（四）虐待、遗弃家庭成员；（五）有其他重大过错。

这一规定与《婚姻法》第四十六条相比，主要有两处修订：一是将"有配偶者与他人同居"改为"与他人同居"；二是增加了兜底的条款，即"有其他重大过错"的情形。下面我们结合现有法律规定，来理解这一原则在离婚损害赔偿中的适用。

《婚姻法司法解释二》第二十七条第（6）款　当事人在婚姻登记机关办理离婚登记手续后，以《婚姻法》第四十六条规定为由向法院提出损害赔偿请求的，法院应当受理。但当事人在协议离婚时已经明确表示放弃该项请求，或者在办理离婚登记手续一年后提出的，不予支持。

父母与子女关系

离婚后养子女该归谁抚养？

【案例】

白某和妻子房某在 2004 年收养了一个女儿，办理了收养手续，后来他们又生育了一个儿子。2008 年，他们因感情破裂而离婚。现在白某不想同时抚养两个孩子，他只想抚养自己的亲生儿子。请问，他能不能和养女解除收养关系？

【法律解析】

每个孩子都是天使，不是动物，不是你想养就养，不想养就弃养。收养关系自登记之日起成立。收养关系成立后，养父母与养子女间的权利义务关系，适用法律关于父母子女关系的规定。在收养关系中，经济不能独立、生活仍然需要照料的未成年人处于绝对的弱势地位。为保护这一弱势群体，法律禁止收养人在被收养人成年前解除收养关系，以保护未成年被收养人的权益。本案中收养关系成立，白某与养女之间形成父女关系，在养女未成年以前，他不能只抚养亲生儿子而拒绝抚养养女，他和前妻房某都有共同抚养该养女的法定义务。如果有虐待、遗弃等侵害未成年养子女合法权益行为的，还要承担相应的法律责任。根据有关收养的法律规定，中止领养必须经有关机构批准，不得私下转让或遗弃。已经办理了领养手续，就要承担起做父母的责任，给孩子一个完整的家，这才是做父母该有的样子，否则就不要轻易做出收养的选择。

【法条链接】

《民法典》第一千一百一十四条 收养人在被收养人成年以前，不得解除收养关系，但是收养人、送养人双方协议解除的除外。养子女八周岁以上的，应当征得本人同意。

收养人不履行抚养义务，有虐待、遗弃等侵害未成年养子女合法权益行为的，送养人有权要求解除养父母与养子女间的收养关系。送养人、收养人不能达成解除收养关系协议的，可以向人民法院提起诉讼。

离婚后如何计算子女的抚育费？

【案例】

孟某和姜某于 2011 年结婚，2012 年姜某生下一个女儿，为了照顾女儿，夫妻二人 2013 年在市区买下一套房子，后来因感情不和协议离婚。离婚时，孟某考虑到女儿年纪尚小，主动将女儿让给姜某抚养。协议中规定，房子归姜某，姜某给孟某 50 万元补偿，孟某每个月给女儿生活费 1500 元。但是这 50 万元姜某一直都没有给孟某，孟某以此为由也没有给过女儿生活费。现在前妻姜某因孟某不支付女儿生活费而将其起诉至法院。请问，孩子的抚育费应如何计算？

【法律解析】

孟某不能以姜某未支付 50 万元补偿金为由而不履行他应尽的法定义务。根据我国有关法律规定，子女抚育费的数额，可根据子女的实际需要、父母双方的负担能力和当地的实际生活水平确定。有固定收入的，抚育费一般可按其月总收入的 20% 至 30% 的比例给付。负担两个以上子女抚育费的，比例可适当提高，但一般不得超过月总收入的 50%。无固定收入的，抚育费的数额可依据当年总收入或同行业平均收入，参照上述比例确定。有特殊情况的，可适当提高或降低上述比例。

【法条链接】

《最高人民法院关于人民法院审理离婚案件处理子女抚养问题的若干具体意见》第七条　子女抚育费的数额，可根据子女的实际需要、父母双方的负担能力和当地的实际生活水平确定。

有固定收入的，抚育费一般可按其月总收入的 20% 至 30% 的比例给付。负担两个以上子女抚育费的，比例可适当提高，但一般不得超过月总收入的 50%。

无固定收入的，抚育费的数额可依据当年总收入或同行业平均收入，参照上述比例确定。

有特殊情况的，可适当提高或降低上述比例。

非婚生子女有权要求亲生父母履行抚养义务吗?

【案例】

董某在与妻子婚姻存续期间,与情人发生不正当关系而生下一女。为了不破坏自己的家庭,董某不肯认领这个孩子,而让情人独自抚养,孩子的相应权利得不到实现。请问,非婚生子女有权要求亲生父母履行抚养义务吗?

【法律解析】

非婚生子女与婚生子女一样,同样有权要求自己的亲生父母履行抚养义务。在实际生活中,非婚生子女的地位是很尴尬的,通常得不到父母的承认,生活也没有保障。针对此问题,《民法典》作出了非常明确的规定,非婚生子女享有与婚生子女同等的权利,从立法上切实保护了非婚生子女的合法权益。

【法条链接】

《民法典》第一千零七十一条 非婚生子女享有与婚生子女同等的权利,任何组织或者个人不得加以危害和歧视。

不直接抚养非婚生子女的生父或者生母,应当负担未成年子女或者不能独立生活的成年子女的抚养费。

夫妻间财产关系

婚前父母为子女买的结婚用房属于夫妻共有财产吗?

【案例】

陶某与谢某经过长时间的交往决定结婚,陶某的父母非常高兴,遂于二人登记结婚前出资购买了一栋别墅作为儿子结婚用房。后来二人因感情不和而协议离婚,谢某认为陶某的父母为他们购买的别墅属于夫妻共同财产,离婚后应该作为共同财产进行分割。请问,该别墅属于夫妻共有财产吗?

【法律解析】

该别墅是否属于夫妻共同财产要视具体情况而定。本案中,陶某的父母为陶某结婚出资购买的别墅，依法应被认定为对陶某的个人赠与，属于陶某的个人财产。如果陶某的父母明确表示该别墅是对陶某和谢某的共同赠与，则应视为夫妻共有财产。

【法条链接】

《民法典》第一千零六十二条　夫妻在婚姻关系存续期间所得的下列财产，为夫妻的共同财产，归夫妻共同所有：

（一）工资、奖金、劳务报酬；

（二）生产、经营、投资的收益；

（三）知识产权的收益；

（四）继承或者受赠的财产，但是本法第一千零六十三条第三项规定的除外；

（五）其他应当归共同所有的财产。

夫妻对共同财产，有平等的处理权。

《最高人民法院关于适用〈中华人民共和国民法典〉婚姻家庭编的解释（一）》第二十九条　当事人结婚前，父母为双方购置房屋出资的，该出资应当认定为对自己子女个人的赠与，但父母明确表示赠与双方的除外。

当事人结婚后，父母为双方购置房屋出资的，依照约定处理；没有约定或者约定不明确的，按照民法典第一千零六十二条第一款第四项规定的原则处理。

结婚未登记，分手时能否分到一半房产？

【案例】

2017年元旦，阿琳和丈夫举行了结婚仪式，但没有去民政部门领取结婚证。办理结婚仪式后，他们用两人的存款购买了一套房子，交款收据上写的是丈夫的名字。现在阿琳和丈夫因感情问题分手，她可以分到一半的房产吗？

【法律解析】

因为他们没有办理结婚登记，不属于法定夫妻关系。如果阿琳想分到一半房产，需要与男方协商经其同意；如果男方不同意，阿琳可以向法院提起民事诉讼，但必须提供证据证明他们所购房产是在同居期间共同出资。另外，如果所购房屋已经办理房产证书且房产证书上只写了男方一个人的名字，则阿琳不能分到该房产，只能要回出资的房款。

【法条链接】

《民法典》第一千零四十九条　要求结婚的男女双方必须亲自到婚姻登记机关申请结婚登记。符合本法规定的，予以登记，发给结婚证。完成结婚登记，即确立夫妻关系。未办理结婚登记的，应当补办登记。

《最高人民法院关于适用〈中华人民共和国民法典〉婚姻家庭编的解释（一）》第三条　当事人提起诉讼仅请求解除同居关系的，人民法院不予受理；已经受理的，裁定驳回起诉。

男女未婚同居，分手后财产该怎样处理？

【案例】

徐某与李某同居多年，后来两人因性格不合而分手，在财产分割问题上起了争执。请问，未婚同居的男女分手后，财产该怎样处理？

【法律解析】

根据原《婚姻法》司法解释的相关规定，我国现阶段未对"非婚同居"财产的处理明确规定，这一问题仅见于《最高人民法院关于人民法院审理未办理登记结婚而以夫妻名义同居生活案件的若干意见》第十条规定："解除非法同居关系时，同居生活期间双方共同所得的收入和购置的财产，按一般共有财产处理。"对于"同居关系"中的财产关系，法院判决通常参照民法中的一般共同共有财产处理。如无特别约定，同居生活期间双方共同所得的收入和购置的财产按双方实际情况及出资比例予以分割。

同居期间为共同生产、生活而形成的债权、债务，可按共同债权、债务处理。同居期间，双方关于财产、债务有约定的，从其约定；无约定的，解除同居关系时，应由双方协议。协议不成时，由人民法院根据财产的具体情况，按照顾子女和女方权益的原则判决。男女未婚同居分手后产生财产分割问题，如果两人经过协商对财产的分割达成协议的，按照协议处理。如果产生了争议，可以向法院提起诉讼，请求法院作出判决。

《最高人民法院关于适用〈中华人民共和国民法典〉婚姻家庭编的解释（一）》第三条　当事人提起诉讼仅请求解除同居关系的，人民法院不予受理；已经受理的，裁定驳回起诉。

当事人因同居期间财产分割或者子女抚养纠纷提起诉讼的，人民法院应当受理。

《最高人民法院关于人民法院审理未办理登记结婚而以夫妻名义同居生活案件的若干意见》第十条　解除非法同居关系时，同居生活期间双方共同所得的收入和购置的财产，按一般共有财产处理。

离婚时，在什么情况下可以要求损害赔偿?

【案例】

女子吴某所住的村子地处偏僻，人们受封建思想影响很深。后来，吴某与同村的罗某结婚，婚后 1 年，吴某生下一个女孩，丈夫罗某将女婴扔进了深山，孩子很快就死了。吴某得知此事后，痛不欲生，于是向法院提起离婚诉讼，并要求损害赔偿。吴某可以要求损害赔偿吗?

【法律解析】

吴某可以要求损害赔偿，《民法典》明确规定，一方有虐待、遗弃家庭成员行为的，另一方离婚时有权请求损害赔偿。本案中吴某刚出生的孩子被丈夫罗某扔进深山，直接导致孩子的死亡，他有遗弃家庭成员的恶劣行为，依照法律规定，应该作出赔偿。

【法条链接】

《民法典》第一千零九十一条　有下列情形之一，导致离婚的，无过错方有权请求损害赔偿:

（一）重婚;

（二）与他人同居;

（三）实施家庭暴力;

（四）虐待、遗弃家庭成员;

（五）有其他重大过错。

夫妻个人财产损坏，离婚时可要求以共同财产抵偿吗？

【案例】

鲁某与牛某因感情不和而协议离婚。妻子牛某在结婚前有一个梳妆台，结婚后一直使用，此时梳妆台因为老化而损坏。牛某要求用夫妻共有财产抵偿梳妆台的损失，这样的要求合理吗？

【法律解析】

这种要求是不合理的。即使牛某向法院提起诉讼，法院也不会支持。《民法典》婚姻家庭编的有关司法解释对此有明确的规定，婚前个人财产在婚后共同生活中自然毁损、消耗、灭失的，离婚时不得以夫妻共同财产抵偿。本案中，牛某的梳妆台是牛某的婚前个人财产，在婚姻存续期间自然消耗、灭失，因此不能用夫妻共有财产抵偿。

【法条链接】

《最高人民法院关于人民法院审理离婚案件处理财产分割问题的若干具体意见》第十六条　婚前个人财产在婚后共同生活中自然毁损、消耗、灭失，离婚时一方要求以夫妻共同财产抵偿的，不予支持。

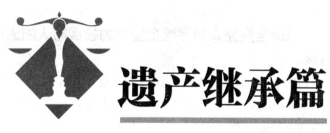

遗产继承篇

指点迷津

遗　产

未指定受益人的保险金能作为被保险人的遗产吗?

【案例】

司机小周生前在保险公司投保了人身意外伤害险。在一次交通事故中，小周因伤势过重而死亡，后来保险公司赔偿了巨额的保险金。请问，保险金可以作为遗产被继承吗?

【法律解析】

保险分为人身保险和财产保险，在是否将保险金作为遗产继承的问题上，要区别对待。财产保险可以作为遗产被继承，但人身保险的认定比较复杂。人身保险通常会涉及受益人的问题，如果人身保险指定了受益人，则被保险人死亡后，保险金应支付给受益人；如果没有指定受益人，则保险金应作为遗产由继承人继承。本案中，小周生前投保的人身意外伤害险没有指定受益人，可以作为遗产。

【法条链接】

《中华人民共和国保险法》(以下简称《保险法》)第四十二条　被保险人死亡后，有下列情形之一的，保险金作为被保险人的遗产，由保险人依照《中华人民共和国继承法》(已失效，由《民法典》继承编代替)的规定履行给付保险金的义务:

(一)没有指定受益人，或者受益人指定不明无法确定的;

(二)受益人先于被保险人死亡，没有其他受益人的;

(三)受益人依法丧失受益权或者放弃受益权，没有其他受益人的。

受益人与被保险人在同一事件中死亡，且不能确定死亡先后顺序的，推定受益人死亡在先。

遗产中包括文物，可以按照一般遗产认定吗？

　　北京市高级人民法院受理了一个遗产纠纷案件。死者钟某正的遗产中有国家重要的历史文物和资料，对国家有着重大意义。钟某正的弟弟钟某宽依法应该继承钟仁正的遗产，当然包括这些历史文物资料。这些重要的历史文物和资料可以按照一般遗产认定吗？

【法律解析】

　　按照《民法典》继承编的相关规定，公民的合法财产在公民死后，可以成为公民的遗产。依原《继承法》列举式的规定，可以作为自然人遗产的主要有：一是自然人的收入；二是自然人个人的房屋、储蓄和生活用品；三是自然人的林木、牲畜和家禽；四是自然人的文物、图书资料；五是法律允许自然人所有的生产资料；六是自然人的著作权、专利权中的财产权利；七是自然人的其他合法财产。文物属于限制流通物，案例中，钟某宽继承的钟某正的遗产，拥有合法继承权，只要不违规携带出境，是可以继承的。我国法律允许私人拥有文物，但我国法律规定，属于国家所有的文物，属于国家所有。《文物保护法》规定：属于集体所有和私人所有的纪念建筑物、古建筑和祖传文物以及依法取得的其他文物，其所有权受法律保护。文物的所有者必须遵守国家有关文物保护的法律、法规。钟某正的遗产中，有国家重要的历史文物，是国家的财产，应动员钟某宽将这些历史文物捐献给国家。珍贵的文物应上缴国家，国家会给予公民一定的物质报酬和精神鼓励。如果公民不愿意捐献，那么国家将采取收购的方式，将珍贵文物收归国有，对于所支付的价款，继承人可以继承。

【法条链接】

　　《民法典》第二百五十三条　法律规定属于国家所有的文物，属于国家所有。

　　《文物保护法》第二条第四款　历史上各时代重要的文献资料以及具有历史、艺术、科学价值的手稿和图书资料等。

　　第六条　属于集体所有和私人所有的纪念建筑物、古建筑和祖传文物以及依法取得的其他文物，其所有权受法律保护。文物的所有者必须遵守国家有关文物保护的法律、法规。

第十二条　有下列事迹的单位或者个人，由国家给予精神奖励或者个人奖励：

……

（三）将个人收藏的重要文物捐献给国家或者为文物保护事业作出捐赠的；

……

第四十三条第一款　依法调拨、交换、借用国有馆藏文物，取得文物的文物收藏单位可以对提供文物的文物收藏单位给予合理补偿，具体管理办法由国务院行政部门制定。

法定继承

法定继承的顺序是什么？

【案例】

富商李某在一次意外事故中身亡，但他去世前没有立遗嘱，于是按照法定继承顺序继承遗产。那么，法定继承顺序是怎样的？

【法律解析】

法定继承顺序是按照家庭生活中，家庭成员之间的关系确定的，按照亲密至疏远的顺序排列。第一顺序继承人为配偶、子女、父母，第二顺序继承人为兄弟姐妹、祖父母、外祖父母。继承开始后，由第一顺序继承人继承，没有第一顺序继承人的，由第二顺序继承人继承。

【法条链接】

《民法典》第一千一百二十七条　遗产按照下列顺序继承：

（一）第一顺序：配偶、子女、父母。

（二）第二顺序：兄弟姐妹、祖父母、外祖父母。

继承开始后，由第一顺序继承人继承，第二顺序继承人不继承。没有第一顺序继承人继承的，由第二顺序继承人继承。

本编所称子女，包括婚生子女、非婚生子女、养子女和有扶养关系的继子女。

本编所称父母，包括生父母、养父母和有扶养关系的继父母。

本编所称兄弟姐妹，包括同父母的兄弟姐妹、同父异母或者同母异父的兄弟姐妹、养兄弟姐妹、有扶养关系的继兄弟姐妹。

《民法典》第一千一百二十八条 被继承人的子女先于被继承人死亡的，由被继承人的子女的直系晚辈血亲代位继承。

被继承人的兄弟姐妹先于被继承人死亡的，由被继承人的兄弟姐妹的子女代位继承。

代位继承人一般只能继承被代位继承人有权继承的遗产份额。

《民法典》第一千一百二十九条 丧偶儿媳对公婆，丧偶女婿对岳父母，尽了主要赡养义务的，作为第一顺序继承人。

互有继承权的人同时死亡，继承该如何确定？

【案例】

沈某夫妇利用假期，带 8 岁的儿子去外地旅游。在返程途中，因飞机失事，一家人不幸全部遇难。在这样的情况下，继承顺序该如何确定？

【法律解析】

《民法典》继承编规定，相互有继承关系的几个人在同一事件中死亡，如不能确定死亡先后时间的，推定没有继承人的人先死亡。死亡人各自都有继承人的，如几个死亡人辈份不同，推定长辈先死亡；几个死亡人辈份相同，推定同时死亡，彼此不发生继承，由他们各自的继承人分别继承。

本案中，沈某之子没有继承人，应推定其先死亡。而沈某夫妇是同辈，应推定二人同时死亡，他们之间不发生继承关系，应由其各自的除子女外的其他继承人顺位继承，如无第一顺序继承人继承，则由第二顺序继承人继承。

【法条链接】

《民法典》第一千一百二十一条 继承从被继承人死亡时开始。

相互有继承关系的数人在同一事件中死亡，难以确定死亡时间的，推定没有其他继承人的人先死亡。都有其他继承人，辈份不同的，推定长辈先死亡；辈份相同的，推定同时死亡，相互不发生继承。

依靠被继承人扶养的孤儿可以要求分得适当遗产吗?

【案例】

郝某生前资助了一名孤儿,该孤儿的日常生活费用及教育费用均由郝某承担。郝某去世后,这名儿童可以分到适当的遗产吗?

【法律解析】

这名儿童可以分到适当的遗产。此问题涉及继承中的酌分遗产的规定。酌分遗产既不属于继承权,也不属于受遗赠权,是法定继承制度中的一项独特的权利。他保证了曾与被继承人存在相当抚养关系的非继承人能够从被继承人处获得一定的遗产,或作为基本生活的保障,或作为曾对被继承人抚养较多的报偿。本案中,郝某所资助的儿童是孤儿,其情形符合《民法典》的上述规定,因此可以分到适当的遗产。

【法条链接】

《民法典》第一千一百三十一条 对继承人以外的依靠被继承人扶养的人,或者继承人以外的对被继承人扶养较多的人,可以分给适当的遗产。

继子女有权继承继父母和生父母双份遗产吗?

【案例】

童某与周某离婚后,孩子跟随母亲周某生活。离婚后不久,周某再婚,再婚后没有子女,而童某一直独居。那么,孩子有权继承生父母以及继父的双份遗产吗?

【法律解析】

孩子可以继承生父母以及继父的双份遗产。与收养关系不同,继子女与继父母的关系因亲生父母一方与继父母一方的合法婚姻关系而建立,但是与继父母的关系的建立不影响继子女与生父母的关系,也就是说,此时的继子女无论与生父母还是继父母,都有父母与子女的权利义务关系。因此,与继父母形成扶养关系的继子女,对继父母的遗产享有继承权,同时,继子女继承继父母的遗产,并不影响其继承生父母的遗产,仍然享有继承其生父母遗产的权利。

【法条链接】

《最高人民法院关于适用〈中华人民共和国民法典〉继承编的解释(一)》

第十一条　继子女继承了继父母遗产的，不影响其继承生父母的遗产。

继父母继承了继子女遗产的，不影响其继承生子女的遗产。

主动赡养孤寡老人者，可以继承老人的遗产吗？

【案例】

钱某是一位年近80岁的老人，无儿无女，一直独居。富有同情心的邻居何某见老人无人照顾，便主动照顾老人，直至老人去世。那么，老人的遗产，何某可以继承吗？

【法律解析】

何某可以继承老人的遗产。根据原《继承法》的规定："对继承人以外的依靠被继承人扶养的缺乏劳动能力又没有生活来源的人，或者继承人以外的对被继承人扶养较多的人，可以分给他们适当的遗产。"按照《继承法》的规定，邻居何某是不符合遗产分配条件的。《民法典》生效后，按照继承编的相关规定，履行了赡养义务是享有继承权的实质要件。何某照顾了老人，据据相关的司法解释，可以继承老人的遗产。

【法条链接】

《民法典》第一千一百三十一条　对继承人以外的依靠被继承人扶养的人，或者继承人以外的对被继承人扶养较多的人，可以分给适当的遗产。

遗嘱继承

7岁小孩设立的遗嘱有效吗？

【案例】

小腾是一个7岁的小男孩，父母在一次空难中去世，小腾便成为家中财产的唯一继承人。小腾年幼，小腾的舅舅成为小腾的监护人。小腾的舅舅教唆小腾立下遗嘱：小腾死后，财产全部由小腾的舅舅继承。这份遗嘱有效吗？

【法律解析】

这份遗嘱没有法律效力。我国法律明确规定，无民事行为能力人设立的遗嘱是没有法律效力的。小腾只是一个7岁的孩子，属于无民事行为能力人，设立的遗嘱是没有法律效力的。

【法条链接】

《民法典》第二十条　不满八周岁的未成年人为无民事行为能力人，由其法定代理人代理实施民事法律行为。

第一千一百四十三条　无民事行为能力人或者限制民事行为能力人所立的遗嘱无效。

遗嘱必须表示遗嘱人的真实意思，受欺诈、胁迫所立的遗嘱无效。

伪造的遗嘱无效。

遗嘱被篡改的，篡改的内容无效。

以电子邮件形式所立的遗嘱有效吗？

【案例】

随着网络的不断普及，许多老人也学会了用电脑发电子邮件，有的老人甚至将自己的遗嘱写在电子邮件中。那么，以电子邮件形式所立的遗嘱有效吗？

【法律解析】

无效，因为遗嘱是要式法律行为。订立有效的遗嘱不仅要具备法定的实质要件，如必须有遗嘱能力，遗嘱的内容必须合法，遗嘱必须是遗嘱人自由、真实意愿的表达等，遗嘱还必须符合法定形式要件。《民法典》继承编明确规定了自书遗嘱、代书遗嘱、打印遗嘱、录音录像遗嘱、口头遗嘱、公证遗嘱的形式，立遗嘱人必须根据这些形式订立遗嘱，否则无效。以电子邮件形式所立的遗嘱不符合法定形式，因此是无效的。

【法条链接】

《民法典》第一千一百三十四条　自书遗嘱由遗嘱人亲笔书写，签名，注明年、月、日。

第一千一百三十五条　代书遗嘱应当有两个以上见证人在场见证，由其中一人代书，并由遗嘱人、代书人和其他见证人签名，注明年、月、日。

第一千一百三十六条　打印遗嘱应当有两个以上见证人在场见证。遗嘱人和见证人应当在遗嘱每一页签名，注明年、月、日。

第一千一百三十七条　以录音录像形式立的遗嘱，应当有两个以上见证人在场见证。遗嘱人和见证人应当在录音录像中记录其姓名或者肖像，以及年、月、日。

第一千一百三十八条　遗嘱人在危急情况下，可以立口头遗嘱。口头遗嘱应当有两个以上见证人在场见证。危急情况消除后，遗嘱人能够以书面或者录音录像形式立遗嘱的，所立的口头遗嘱无效。

第一千一百三十九条　公证遗嘱由遗嘱人经公证机构办理。

个人所立的遗嘱必须经过公证才有法律效力吗？

【案例】

经商多年的董某，有一笔巨款。因现在年事已高，所以他想立一份遗嘱，将存款分割，分别交给三个儿子。但他听别人说，个人所立的遗嘱一定要经过公证才有法律效力。请问，有这样的法律规定吗？

【法律解析】

没有这样的法律规定，遗嘱的形式多种多样，除公证遗嘱外，还有自书遗嘱、代书遗嘱、打印遗嘱、录音录像遗嘱、口头遗嘱等形式。但各种形式均需符合有关程序规定，才具有法律效力。不是一定非要经过公证才有法律效力，只要符合相关法规中对遗嘱的规定即可。根据《民法典》继承编的相关规定，董某可以立遗嘱，将存款分给三个儿子。

【法条链接】

《民法典》第一千一百三十三条　自然人可以依照本法规定立遗嘱处分个人财产，并可以指定遗嘱执行人。

自然人可以立遗嘱将个人财产指定由法定继承人中的一人或者数人继承。

自然人可以立遗嘱将个人财产赠与国家、集体或者法定继承人以外的组织、个人。

自然人可以依法设立遗嘱信托。

有多份遗嘱的，应适用哪一份？

【案例】

李某退休后跟儿子一起生活。2002年2月，他自书遗嘱，决定在其去世后，全部存款和一套房屋由儿子继承。后来因儿媳妇不孝顺，李某搬到女儿家居住。2004年5月，李某又立了一份遗嘱，内容是全部存款归女儿，房屋由儿子继承，并作了公证。2006年12月，李某病重住进医院，女儿细心照顾，可是儿子很少去探望。在弥留之际，他当着三位医护人员的面立下口头遗嘱，将其全部存款和一套房屋都留给女儿继承。李某去世后，儿女在继承遗产时发生纠纷。那么，三份遗嘱中应适用哪一份？

【法律解析】

应使用第三份遗嘱即口头遗嘱。本案中，李某立有自书遗嘱、公证遗嘱、口头遗嘱，且内容各不相同，互相冲突。原《继承法》中规定，公证遗嘱效力优先。但《民法典》生效后，规定了"立有数份遗嘱，内容相抵触的，以最后的遗嘱为准"。这应当视为以在后设立的遗嘱取代或者变更了在先设立的遗嘱，因此，遗嘱人设立数份遗嘱，内容相抵触的，以最后设立的遗嘱为准，即"遗嘱设立在后效力优先"，改变了原《继承法》有关公证遗嘱效力优先原则。且本案中，李某的口头遗嘱是当着三位医护人员的面立下的，符合口头遗嘱的效力规定，具有法律效力。

【法条链接】

《民法典》第一千一百四十二条　遗嘱人可以撤回、变更自己所立的遗嘱。

立遗嘱后，遗嘱人实施与遗嘱内容相反的民事法律行为的，视为对遗嘱相关内容的撤回。

立有数份遗嘱，内容相抵触的，以最后的遗嘱为准。

第一千一百三十八条　遗嘱人在危急情况下，可以立口头遗嘱。口头遗嘱应当有两个以上见证人在场见证。危急情况消除后，遗嘱人能够以书面或者录音录像形式立遗嘱的，所立的口头遗嘱无效。

遗嘱可以剥夺法定继承人的继承权吗？

【案例】

李某一生努力奋斗，创办了一家全国知名的大型企业。李某立下遗嘱，自己死后，名下所有的资产全部捐献给希望小学。遗嘱中没有提到给其在美国工作的子女保留遗产的条款。那么，李某死后，其子女可以要求继承遗产吗？

【法律解析】

不能。《民法典》继承编规定，继承开始后，如果有遗嘱，按照遗嘱规定的继承，即使遗嘱没有给法定继承人留下遗产，仍然是有效的遗嘱，即遗嘱可以排除法定继承人的继承权。但《民法典》继承编同时规定，遗嘱应当对缺乏劳动能力又没有生活来源的继承人保留必要的遗产份额。本案中，李某的子女在美国工作，不属于没有劳动能力又无生活来源的人。因此，遗嘱有效，李某的子女不能要求继承遗产。

【法条链接】

《民法典》第一千一百二十三条　继承开始后，按照法定继承办理；有遗嘱的，按照遗嘱继承或者遗赠办理；有遗赠扶养协议的，按照协议办理。

《民法典》第一千一百三十三条　自然人可以依照本法规定立遗嘱处分个人财产，并可以指定遗嘱执行人。

自然人可以立遗嘱将个人财产指定由法定继承人中的一人或者数人继承。

自然人可以立遗嘱将个人财产赠与国家、集体或者法定继承人以外的组织、个人。

自然人可以依法设立遗嘱信托。

遗　赠

养子女有权接受生父母的遗赠吗？

【案例】

容某在 3 岁时与父母失散，父母到处寻找也没找到孩子，后来去了英国。容某后来被赵氏夫妇收养。容某现已成年，被赵氏夫妇送到英国留学。在英国，一次偶然的机会，容某与生父母重逢。容某的生父母非常激动，立下遗嘱，死后将所有的财产赠与容某。容某可以接受生父母的遗赠吗？

【法律解析】

　　容某可以接受生父母的遗赠。我国法律规定，养子女与生父母之间的权利义务关系随着与养父母收养关系的成立而解除，养子女因此丧失法定继承人的资格。但民法典继承编规定，公民可以立遗嘱将个人财产赠与继承人以外的人。因此，在本案中，容某虽与其生父母没有法律上的权利义务关系，但他可以接受生父母的遗赠。

【法条链接】

　　《民法典》第一千一百三十三条　自然人可以依照本法规定立遗嘱处分个人财产，并可以指定遗嘱执行人。

　　自然人可以立遗嘱将个人财产指定由法定继承人中的一人或者数人继承。

　　自然人可以立遗嘱将个人财产赠与国家、集体或者法定继承人以外的组织、个人。

　　自然人可以依法设立遗嘱信托。

合同篇

理智交易 警惕陷阱

合同的订立与效力

未成年人签订的合同是否具有法律效力？

【案例】

14 周岁的于某是某中学初中一年级的学生。一天路过一家网吧，于某见里边正在处理电脑，每台只卖 1700 元，于某想将电脑买下来。他算了算自己手头的压岁钱，共有 1000 元，便和网吧老板商量，先交 1000 元把电脑取走，其余 700 元老板和他一道回家去取，两人还签订了一份合同书。将电脑运回家后，网吧老板和于某的父母说明情况，要求于某的父母支付剩下的 700 元钱。于某的父母认为自己并不想买电脑，小孩子不懂事不能算数，要求网吧老板将电脑拉回，并返还已交的 1000 元钱。网吧老板认为，买电脑属于某自愿，且已经签了合同书，如果不买就属违约。这 1000 元属定金，买卖不成，定金也不能退还。双方争执不下，于某的父母起诉到了法院。请问，未成年人签订的合同具有法律效力吗？

【法律解析】

本案中，于某与网吧老板签订的合同属于效力待定合同。所谓效力待定合同，即合同的某些方面不符合生效的要件，但并不属于无效合同或者可撤销合同，是通过当事人采取必要的补救办法，可以发生法律效力的合同。根据《民法典》总则编和合同编的相关规定，限制民事行为能力人订立的合同，经法定代理人追认后，该合同有效，也就是说，合同有效与否，取决于法定代理人是否追认。本案中，于某的法定代理人即他的父母对于其购买电脑一事持反对态度，即于某父母对这一效力待定的合同是拒绝追认的，那么于某与网吧老板所签订买卖电脑的合同为无效合同，网吧老板不能以定金形式扣押这 1000 元钱。

《民法典》第十九条 八周岁以上的未成年人为限制民事行为能力人，实施民事法律行为由其法定代理人代理或者经其法定代理人同意、追认；但是，可以独立实施纯获利益的民事法律行为或者与其年龄、智力相适应的民事法律行为。

第一百四十五条 限制民事行为能力人实施的纯获利益的民事法律行为或者与其年龄、智力、精神健康状况相适应的民事法律行为有效；实施的其他民事法律行为经法定代理人同意或者追认后有效。

相对人可以催告法定代理人自收到通知之日起三十日内予以追认。法定代理人未作表示的，视为拒绝追认。民事法律行为被追认前，善意相对人有撤销的权利。撤销应当以通知的方式作出。

没有签订书面合同，但已履行完毕是否有效？

【案例】

2019年3月15日，某外贸公司为出口化工原料，到某化工厂采购化工原料400吨。外贸公司到化工厂看了样品、包装样品及产品说明书，双方口头商定：由化工厂于同年5月20日前将400吨化工原料托运到外贸公司仓库，产品质量达到国家标准，每吨价格为5000元，付款结算办法为先由化工厂发货，然后由化工厂凭本厂发票及铁路托运票证到外贸公司结算，发一批货，结一次款项。此次商谈的两天后，外贸公司给化工厂打来电话称："将原定的400吨改为600吨，质量、价格、到站地点与原商定一样，无变化。"

后来由于外贸公司未与外商正式签订合同，外商改变了从中国进口此货的计划。在此情况下，外贸公司既未令化工厂停止发货，也未从某仓库将货物取走或转为内销。11月，外贸公司发现此化工原料已经变质，于是找到化工厂要求其处理此货。此时，化工厂与该外贸公司已结算了全部货款。化工厂以合同已经履行完毕，该化工原料已超过保质期为由拒绝处理。双方协商不成，外贸公司以双方口头约定不明确、产品质量有问题为由，将化工厂起诉至法院，要求退货给对方，并由对方承担一切损失。请问，没有签订书面合同，但已履行完毕是否有效？

当事人订立合同，有书面形式、口头形式和其他形式，一般情况下，可由当事人自行决定。根据《民法典》合同编的相关规定，口头形式也是合同订立的一种有效方式。虽然双方未签订书面合同，法律、行政法规规定或者当事人约定采用书面形式订立合同，当事人未采用书面形式但一方已经履行主要义务，对方接受的，该合同成立。根据本案合同履行的实际情况：化工厂托运以后，凭厂方发票和铁路托运单结算，交一批货，结一笔款，外贸公司已经全部付清货款。本案合同的履行实际上是即时清结的，可以不要求采用书面形式，而且合同主要义务已经履行完毕，所以该口头合同有效成立。

【法条链接】

《民法典》第四百六十九条　当事人订立合同，可以采用书面形式、口头形式或者其他形式。

书面形式是合同书、信件、电报、电传、传真等可以有形地表现所载内容的形式。

以电子数据交换、电子邮件等方式能够有形地表现所载内容，并可以随时调取查用的数据电文，视为书面形式。

第四百九十条　当事人采用合同书形式订立合同的，自当事人均签名、盖章或者按指印时合同成立。在签名、盖章或者按指印之前，当事人一方已经履行主要义务，对方接受时，该合同成立。

法律、行政法规规定或者当事人约定合同应当采用书面形式订立，当事人未采用书面形式但是一方已经履行主要义务，对方接受时，该合同成立。

一方没有签字，但是已履行的合同有效吗？

【案例】

王某与同乡的郭某签订了冬枣买卖协议，由郭某在一周内给王某发一车冬枣，货到付款。王某签字后将合同快递给郭某，郭某因公司负责签字盖章的人员出差而未能及时签字盖章，但还是根据合同约定的时间向王某发货，王某在签收单上签字表示收到货物。后来，王某以郭某没有在合同上签字盖章为由，认为合同不生效，拒绝付给郭某货款。那么，这个合同生效吗？

【法律解析】

这个合同是具有法律效力的。根据《民法典》合同编相关规定，双方采用书面形式订立合同，没有签字或者盖章的一方已经按照合同履行了主要义务的，该合同有效。现实中，确实存在一方当事人由于路途遥远或者如本案中负责签字盖章的人员不在等原因，合同又不得不马上履行；对方当事人则由于某些原因，以履行合同一方没有签字或盖章为由提出解约或不承认合同成立。在此情况下，法律本着公正与鼓励交易的原则，采取了保护已履行主要义务一方合法权益的做法，认定此种情形下合同有效。

【法条链接】

《民法典》第四百九十条　当事人采用合同书形式订立合同的，自当事人均签名、盖章或者按指印时合同成立。在签名、盖章或者按指印之前，当事人一方已经履行主要义务，对方接受时，该合同成立。

法律、行政法规规定或者当事人约定合同应当采用书面形式订立，当事人未采用书面形式但是一方已经履行主要义务，对方接受时，该合同成立。

公司不同意确定中标人，能拒绝签合同吗？

【案例】

2019年7月，甲公司为采购一批设备，委托一家招投标公司组成评标委员会进行招标活动。乙公司通过现场竞标后，经过评标委员会评议被确定为中标单位，并于次日由评标委员会出具了中标通知书。但是甲公司通过考察，不同意确定乙公司为中标人。那么，甲公司能拒绝与乙公司签订合同吗？

【法律解析】

招投标活动属于合同的缔约阶段，评标委员会出具的中标通知书违反了应由招标人核发的规定。对中标人的确定，《招标投标法》规定了两种方式：一是招标人授权评标委员会直接确定中标人，二是招标人在评标委员会推荐的中标候选人中确定中标人。在本案中，甲公司没有在评标委员会推荐的中标候选人中确定中标人，也没有授权评标委员会直接确定中标人，表明评标委员会确定中标人并发出中标通知书超出了甲公司的授权，不能视为是甲公司核发了中标通知书。因此，甲公司可以拒绝与乙公司签订合同。

【法条链接】

《招标投标法》第四十条　评标委员会应当按照招标文件确定的评标标准和方法，对投标文件进行评审和比较；设有标底的，应当参考标底。评标委员会完成评标后，应当向招标人提出书面评标报告，并推荐合格的中标候选人。

招标人根据评标委员会提出的书面评标报告和推荐的中标候选人确定中标人。招标人也可以授权评标委员会直接确定中标人。

合同的撤销、解除与终止

合同被撤销后，造成的损失由谁来赔偿？

【案例】

小马与小姜是好朋友，小马见小姜没有正当职业，就口头答应赠送给小姜5万元钱，帮小姜开一个包子铺。小姜听后，租了房子、买了器具，并请了师傅，办理了营业执照，只等着拿钱上货运营了。这时，小马却告诉小姜由于自己生意亏损，无法再把钱赠送给他。小姜不同意，认为自己已经为此支出了近2万元，如果小马不把钱给他，他先前租房子、买设备、请师傅以及办营业执照的钱就白花了，但是小马仍然不肯把钱给小姜。那么，此时小马需要把5万元钱赠送给小姜吗？对于小姜为此的支出，小马是否有赔偿义务？

【法律解析】

本案中小马与小姜之间虽然形成了有效的赠与合同，但根据《民法典》合同编的相关规定，赠与合同中，赠与人在财产转移前可以撤销赠与，小马享有撤销权，可以不必继续履行合同。但是，对于因此给小姜造成的损失，根据规定，当事人在订立合同的过程中如果有违背诚实信用原则的行为给对方造成损失的，应当承担损害赔偿责任。因此，小马必须对小姜因此造成的损失给予赔偿。

【法条链接】

《民法典》第五百条　当事人在订立合同过程中有下列情形之一，造成对方损失的，应当承担赔偿责任：

（一）假借订立合同，恶意进行磋商；

（二）故意隐瞒与订立合同有关的重要事实或者提供虚假情况；

（三）有其他违背诚信原则的行为。

第五百零九条　当事人应当按照约定全面履行自己的义务。

当事人应当遵循诚信原则，根据合同的性质、目的和交易习惯履行通知、协助、保密等义务。

当事人在履行合同过程中，应当避免浪费资源、污染环境和破坏生态。

《民法典》第一百五十七条　民事法律行为无效、被撤销或者确定不发生效力后，行为人因该行为取得的财产，应当予以返还；不能返还或者没有必要返还的，应当折价补偿。有过错的一方应当赔偿对方由此所受到的损失；各方都有过错的，应当各自承担相应的责任。法律另有规定的，依照其规定。

第六百五十八条第一款　赠与人在赠与财产的权利转移之前可以撤销赠与。

违约方放弃定金，就可以解除合同吗？

【案例】

2020年9月16日，A汽车制造厂与B进出口公司签订了一份购销合同，规定由A汽车制造厂供给B进出口公司某种品牌的汽车50辆，单价98000元，总计货款490万元。合同规定，B进出口公司须在2020年11月底前将货款汇入A汽车制造厂的账户，款到账10日内由A汽车制造厂将货供完。倘若到期不履行合同，承担货款的5%的违约金。另外，从合同签署之日起，B进出口公司须于5日内交付15万元定金。同年11月5日，A汽车制造厂向B进出口公司发去传真，要求B进出口公司付款。B进出口公司复电声称：因资金短缺，希望先发货，再付款，A汽车制造厂予以拒绝。在 A 汽车制造厂多次催促下，B 进出口公司于同年 11 月 25 日复函正式表示，B 进出口公司自愿放弃 15 万元定金，作为解除合同的代价。A 汽车制造厂遂向法院提起诉讼，要求 B 进出口公司履行合同，支付违约金，并赔偿其一切损失。法院会支持 A 汽车制造厂的诉讼请求吗？违约方放弃定金，就真的可以解除合同吗？

【法律解析】

实践中，定金最基本的形式包括解约定金和违约定金两类。解约定金，是指当事人为保留单方解除主合同的权利而交付的定金，一方在交付解约定金以后可以放弃定金而解除合同，这种定金的特点在于通过定金的放弃给予当事人解除合同的权利和机会。违约定金，是指在接受定金以后，一方当事人不履行主合同，应当按照定金罚则予以制裁。违约定金设立的目的主要是防止一方违约，督促双方履行。此种定金在实践中运用得最为广泛。

从本案来看，当事人在合同中规定定金条款时，并没有规定 B 进出口公司支付定金以后，可以享有解除合同的权利，因此，合同规定的定金并非解约定金，而是违约定金。既然是违约定金，即使放弃定金，也不能解除合同，仍应继续履行合同义务。

在 B 进出口公司已经构成违约的情况下，B 进出口公司作为交付定金一方，依据定金罚则自然丧失定金。此案中，当事人在合同中既设定了定金，又规定了货款的 5% 的违约金，对同一违约行为如果同时运用违约金处罚和定金处罚，对 B 进出口公司来说显得过于苛刻，且会使 A 汽车制造厂获得不应该获得的收入。因此，运用定金罚则就不应该再运用违约金制裁，A 汽车制造厂的其他请求，法院不会予以支持。

【法条链接】

《民法典》第五百八十六条 当事人可以约定一方向对方给付定金作为债权的担保。定金合同自实际交付定金时成立。

定金的数额由当事人约定；但是，不得超过主合同标的额的百分之二十，超过部分不产生定金的效力。实际交付的定金数额多于或者少于约定数额的，视为变更约定的定金数额。

第五百八十七条 债务人履行债务的，定金应当抵作价款或者收回。

给付定金的一方不履行债务或者履行债务不符合约定，致使不能实现合同目的的，无权请求返还定金；收受定金的一方不履行债务或者履行债务不符合约定，致使不能实现合同目的的，应当双倍返还定金。

第五百八十八条 当事人既约定违约金，又约定定金的，一方违约时，对方可以选择适用违约金或者定金条款。

定金不足以弥补一方违约造成的损失的，对方可以请求赔偿超过定金数额的损失。

债务还没到期，能够主张抵销吗?

【案例】

朱某因做服装生意而向朋友任某借了 1 万元钱，约定 3 年以后连本带息一起归还。1 年以后，任某提出自己也想做服装生意，并以极低的价格、赊欠的方式多次向朱某购进服装 100 多套进行销售，获利颇丰，共计欠朱某服装货款 1 万余元。此时朱某由于要扩大规模急需用钱，于是向任某提出要其先偿还这 1 万元的服装货款。任某提出以朱某欠他的 1 万元钱抵销，双方互不欠债。那么，朱某可以要求任某先还他的服装货款吗?

【法律解析】

根据《民法典》合同法第五百六十八条第一款的规定，当事人互负到期债务，该债务的标的物种类、品质相同的，任何一方可以将自己的债务与对方的债务抵销，但依照法律规定或者按照合同性质不得抵销的除外。实践中，抵销的生效条件有以下三种：必须是双方当事人互负债务、互享债权，必须是相同种类的债务，主动提出抵销的当事人债权已到期。本案中，双方当事人虽然互负同种类的债务，但是提出抵销的当事人任某的债务还没有到期，而他欠朱某的服装货款没有约定偿还的期限，朱某可以随时索要。因此，任某提出抵销，朱某可以不同意，可以要求任某先还其服装货款。

【法条链接】

第五百六十八条 当事人互负债务，该债务的标的物种类、品质相同的，任何一方可以将自己的债务与对方的到期债务抵销；但是，根据债务性质、按照当事人约定或者依照法律规定不得抵销的除外。

当事人主张抵销的，应当通知对方。通知自到达对方时生效。抵销不得附条件或者附期限。

合同没到期，商场有权解除合同吗？

【案例】

2019 年 8 月，于某在一家新开的商场租了一个摊位经营服装，当时交了 1 万元的押金，合同期限为 3 年，要求每半年交一次租金。由于总体经营状况不好，商场一直没有向于某等收过租金。但是到了 2020 年 9 月，商场突然向于某等索要租金，而且要求一次性交清，不交就解除合同，1 万元的押金也就不退了。那么，商场有权在合同没到期之前解除合同吗？于某还能要回押金吗？

【法律解析】

根据《民法典》合同编第七百二十一条的规定，承租人应当按照约定的期限支付租金。对支付租金的期限没有约定或者约定不明确，依照本法第五百一十条的规定仍不能确定，租赁期间不满一年的，应当在租赁期限届满时支付；租赁期限一年以上的，应当在每届满一年时支付，剩余期限不满一年的，应当在租赁期限届满时支付。根据《民法典》第七百二十二条的规定，承租人无正当理由未支付或者迟延支付租金的，出租人可以要求承租人在合理期限内支付；承租人逾期不支付的，出租人可以解除合同。因此，如果于某等逾期不支付租金，出租人可以解除合同。押金具有担保义务人履行合同的作用，给付押金一方当事人如果不履行合同义务的，无权收回押金。本案中，于某应当按照约定每半年交一次租金，商场不能要求一次性交齐，无权解除合同。

【法条链接】

《民法典》第七百二十一条　承租人应当按照约定的期限支付租金。对支付租金的期限没有约定或者约定不明确，依据本法第五百一十条的规定仍不能确定，租赁期限不满一年的，应当在租赁期限届满时支付；租赁期限一年以上的，应当在每届满一年时支付，剩余期限不满一年的，应当在租赁期限届满时支付。

第七百二十二条　承租人无正当理由未支付或者迟延支付租金的，出租人可以请求承租人在合理期限内支付；承租人逾期不支付的，出租人可以解除合同。

违约责任

因第三方的原因造成违约，就不用承担违约责任吗？

【案例】

A公司要运送一批货物给B公司，委托C汽车运输公司运输，C汽车运输公司安排本公司的司机牛某驾驶汽车运输。运输过程中，由于牛某的过失发生交通事故，致使货物受损。B公司未能及时收到货物而发生损失。那么，B公司应该向A公司还是C汽车运输公司或者牛某要求承担赔偿责任呢？

【法律解析】

根据《民法典》合同编第五百九十三条的规定，当事人一方因第三人的原因造成违约的，应当依法向对方承担违约责任。当事人一方和第三人之间的纠纷，依照法律规定或者按照约定处理。

也就是说，依据合同相对性原则，合同关系只能发生在合同当事人之间，只有合同当事人才能享有某个合同所规定的权利，并承担合同所规定的义务，合同当事人以外的任何第三人不能主张合同上的权利。同时，合同的违约责任也只能在合同关系的当事人之间发生，合同关系以外的第三人，不负违约责任，合同当事人也不对其承担违约责任。本案中A公司和B公司之间存在合同关系，而B公司与C汽车运输公司之间不存在合同关系，A公司是义务人，负有履行债务的义务。A公司在向B公司承担责任以后，可以依法向C汽车运输公司请求追偿。

【法条链接】

《民法典》第五百九十三条　当事人一方因第三人的原因造成违约的，应当依法向对方承担违约责任。当事人一方和第三人之间的纠纷，依照法律规定或者按照约定处理。

定金、违约金和赔偿金

【案例】

2019年9月15日，A公司与B公司签订了海上货物运输合同。合同约定，B公司于同年10月4日至9日派轮船为A公司从大连运袋装核桃1万吨到厦门，运费为每吨人民币80元；A公司应付给B公司定金人民币16万元。合同未约定违约金条款。签订合同当日，A公司即向B公司支付16万元，但是B公司未在合同约定的期间派船到装货港受载。10月9日，B公司向A公司提出解除合同，A公司不同意解除合同，多次催B公司继续履行合同，但是B公司仍不派船运输。11月15日，A公司诉至法院称B公司单方解除合同系违约行为，应当依法承担违约责任，要求B公司双倍返还定金，并且支付违约金1万元和赔偿货物在港超期堆存费等65000元。那么，A公司的诉讼请求能得到法院的支持吗？

【法律解析】

根据《民法典》合同编第五百八十六条的规定，当事人可以约定一方向对方给付定金作为债权的担保。第五百八十七条规定，债务人履行债务的，定金应当抵作价款或者收回。给付定金的一方不履行债务或者履行债务不符合约定，致使不能实现合同目的的，无权请求返还定金；收受定金的一方不履行债务或者履行债务不符合约定，致使不能实现合同目的的，应当双倍返还定金。第五百八十八条规定，当事人既约定违约金，又约定定金的，一方违约时，对方可以选择适用违约金或者定金条款。因此，定金与违约金不能并处。但适用定金罚则后，不能补偿非违约方损失的，可以由违约方赔偿这部分损失，即由违约方给付赔偿金，以补偿非违约方的实际损失。

本案中，A公司与B公司签订的海上货物运输合同中有支付定金条款，而且A公司已经实际支付。B公司单方解除合同，虽给A公司造成损失，但损失额明显小于B公司双倍返还定金的数额。因此，B公司只需要双倍返还定金而不用再向A公司支付违约金及赔偿金。

【法条链接】

《民法典》第五百八十六条　当事人可以约定一方向对方给付定金作为债权的担保。定金合同自实际交付定金时成立。

定金的数额由当事人约定；但是，不得超过主合同标的额的百分之二十，超过部分不产生定金的效力。实际交付的定金数额多于或者少于约定数额的，视为变更约定的定金数额。

第五百八十七条　债务人履行债务的，定金应当抵作价款或者收回。给付定金的一方不履行债务或者履行债务不符合约定，致使不能实现合同目的的，无权请求返还定金；收受定金的一方不履行债务或者履行债务不符合约定，致使不能实现合同目的的，应当双倍返还定金。

第五百八十八条　当事人既约定违约金，又约定定金的，一方违约时，对方可以选择适用违约金或者定金条款。

定金不足以弥补一方违约造成的损失的，对方可以请求赔偿超过定金数额的损失。

出租车司机因误时造成乘客损失，如何赔偿？

【案例】

方某是一家私营企业的老板，一天上午 9：50，他从单位门口拦了一辆出租车，对司机说必须在 10：30 之前赶到某会馆签约，否则自己将损失 30万元。司机表示没有问题，正常情况下 25 分钟就可以到达该会馆，可是由于司机绕路加油又遇到一段路程修路，到会馆时已是 10：50，导致签约失败，造成利润损失 30 万元。于是方某起诉出租车公司，要求赔偿他 30 万元。那么，方某的请求会得到法院的支持吗？

【法律解析】

根据《民法典》合同编第五百八十四条的规定，当事人一方不履行合同义务或者履行合同义务不符合约定，给对方造成损失的，损失赔偿额应当相当于因违约所造成的损失，包括合同履行后可以获得的利益，但不得超过违反合同一方订立合同时预见到或者应当预见到的因违反合同可能造成的损失。本案中，出租车司机应该熟悉本市的路况并且对行车时间、行车路线等作充分的估计。但是由于其过错行为使方某没有赶上签约时间，造成了乘客 30 万元的可得利益损失。由于出租车司机属出租车公司工作人员，因此其行为的责任应该由出租车公司承担。出租车公司在赔偿方某后，有权向该司机追偿。

《民法典》第五百八十四条　当事人一方不履行合同义务或者履行合同义务不符合约定，造成对方损失的，损失赔偿额应当相当于因违约所造成的损失，包括合同履行后可以获得的利益；但是，不得超过违约一方订立合同时预见到或者应当预见到的因违约可能造成的损失。

由第三人造成的违约责任，需分别解决吗？

【案例】

某中学向某商贸公司购买了 200 台教学电脑，并签订了合同。合同约定，每台电脑 2500 元，共计货款人民币 50 万元，由该商贸公司于同年 10 月底前将电脑送至该中学。该中学在合同签订以后向商贸公司预付货款 20 万元，其余货款在收到全部电脑后一个月内结清，如一方违约，应向对方交违约金 5 万元，并赔偿相关损失。该商贸公司运输车在送货途中被个体运输户袁某的货车撞翻，致使 20 台电脑受损。经交管部门认定，此次事故的责任由袁某负全责。某商贸公司见责任不在自己，因此不肯承担某中学的损失。某中学对此则有异议，多次派人交涉，均无结果，于是告上法院。那么，由第三人造成的违约责任，该如何解决呢？

【法律解析】

根据《民法典》合同编第五百九十三条的规定，当事人一方因第三人的原因造成违约的，应当依法向对方承担违约责任。当事人一方和第三人之间的纠纷，依照法律规定或者按照约定处理。

本案中，某商贸公司未按合同规定数量供应电脑，属于合同违约，应当依合同向某中学承担违约责任。对于个体运输户袁某对某商贸公司造成损害的侵权行为，某商贸公司应当依据事实和法律向人民法院另行起诉，向袁某要求其承担损害赔偿责任。合同违约和侵权行为，这是两种不同性质的法律关系，应当分别解决。

【法条链接】

《民法典》第五百九十三条　当事人一方因第三人的原因造成违约的，应当依法向对方承担违约责任。当事人一方和第三人之间的纠纷，依照法律规定或者按照约定处理。

借款贷款

借款合同没有约定还款时间怎么办？

【案例】

殷某想要开一家小型饭店，于是向朋友杜某借钱。双方在合同中约定了借款利息以及其他事项，但是并没有约定还款期限。杜某只是对殷某说不能拖欠还款。合同签订以后，殷某有些担心，不知哪一天杜某会让自己还款。那么，殷某应该怎么办呢？

【法律解析】

根据《民法典》合同编第五百一十条的规定，合同生效后，当事人就某些内容没有约定或者约定不明确的，可以协议补充或按照合同有关条款或者交易习惯确定。根据本法第六百七十五条的规定，对借款期限没有约定或者约定不明确，依照本法第五百一十条的规定仍不能确定的，借款人可以随时返还；贷款人可以催告借款人在合理期限内返还。因此，殷某可以与杜某在合同中补充还款期限的条款，或者随时返还借款；杜某也可以随时要求殷某在合理的期限内还款。

【法条链接】

《民法典》第五百一十条　合同生效后，当事人就质量、价款或者报酬、履行地点等内容没有约定或者约定不明确的，可以协议补充；不能达成补充协议的，按照合同相关条款或者交易习惯确定。

第五百一十一条　当事人就有关合同内容约定不明确，依据前条规定仍不能确定的，适用下列规定：

……

（四）履行期限不明确的，债务人可以随时履行，债权人也可以随时请求履行，但是应当给对方必要的准备时间。

第六百七十五条　借款人应当按照约定的期限返还借款。对借款期限没有约定或者约定不明确，依据本法第五百一十条的规定仍不能确定的，借款人可以随时返还；贷款人可以催告借款人在合理期限内返还。

赌博产生的借贷关系受法律保护吗？

【案例】

陈某与朋友打麻将的时候，输了 2000 元钱，遂决定不再打，但朋友说三缺一没法玩，于是他们商量每人再借给陈某 1000 元，并让陈某打了借条，约定第二天还钱，但是陈某又输了。陈某借的钱又被他们都赢了回去，能不能不还？

【法律解析】

根据《最高人民法院关于修改〈关于审理借贷案件适用法律若干问题的规定〉》（以下简称《审理借贷案件的规定》）第十条的规定，出借人事先知道或者应当知道借款人借款是为了进行违法犯罪活动而借款的，以及违反法律法规、违反公序良俗的，其借贷关系不予保护。原《民法通则》第五十八条也有规定，违反法律或者社会公共利益的民事行为无效，无效的民事行为，从行为开始起就没有法律约束力。因此，因赌博所产生的借贷关系是不受法律保护的，陈某可以不还钱。

【法条链接】

《民法典》第八条　民事主体从事民事活动，不得违反法律，不得违背公序良俗。

第一百五十五条　无效的或者被撤销的民事法律行为自始没有法律约束力。

《审理借贷案件的规定》第十四条　具有下列情形之一的，人民法院应当认定民间借贷合同无效：

（一）套取金融机构贷款转贷的；

（二）以向其他营利法人借贷、向本单位职工集资，或者以向公众非法吸收存款等方式取得的资金转贷的；

（三）未依法取得放贷资格的出借人，以营利为目的向社会不特定对象提供借款的；

（四）出借人事先知道或者应当知道借款人借款用于违法犯罪活动仍然提供借款的；

（五）违反法律、行政法规强制性规定的；

（六）违背公序良俗的。

《刑法》第三百零三条第一款　以营利为目的，聚众赌博或者以赌博为业的，处三年以下有期徒刑、拘役或者管制，并处罚金。

借款的利息可以预先从本金中扣除吗？

【案例】

某食品加工厂为扩大生产，需购买一批新的生产设备，考虑到资金周转问题，食品加工厂决定向银行贷款。提供了相关的书面材料以后，食品加工厂很快就与银行签订了书面合同。合同约定：银行提供借款200万元，贷款期限为两年。合同签订以后，当食品加工厂在约定的取款时间去银行取款时，银行却按照扣除两年利息以后的余额发放给食品加工厂。食品加工厂向银行提出了异议，银行则称，为了保证能够收回自己的利息，不得不提前扣除。那么，银行的做法合法吗？

【法律解析】

根据《民法典》合同编第六百七十条的规定，借款的利息不得预先在本金中扣除。利息预先在本金中扣除的，应当按照实际借款数额返还借款并计算利息。据此规定，本案中，作为贷款人的银行应该按照合同约定，向食品加工厂支付其借款的总额，而不能预先扣除借款总额所产生的利息，否则就会使食品加工厂的借款本金无形中被减少，影响其预期的经济收益。

【法条链接】

《民法典》第六百七十条　借款的利息不得预先在本金中扣除。利息预先在本金中扣除的，应当按照实际借款数额返还借款并计算利息。

"利滚利"受法律保护吗？

【案例】

于某做服装生意，近期资金周转不畅，于是向做布料生意的谈某借款20万元。双方约定：借款期限为2年，每年的8月20日支付当年的利息，否则当年利息并入本金。那么，双方这种"利滚利"的约定受法律保护吗？

【法律解析】

通常所说的"利滚利"实际就是"复利"。根据《民法典》合同编第六百八十条的规定，自然人之间的借款合同对支付利息没有约定的，视为没有利息。自然人之间的借款合同约定支付利息的，借款的利率不得违反国家有关限制借款利率的规定。自然人之间借款的，视为没有利息。根据《民法通则意见》第一百二十五条的规定，公民之间的借贷，出借人将利息计入本金计算复利的，不予保护。因此，虽然于某与谈某就借款利息作了约定，但是其约定明显违反了法律规定，因此这种"利滚利"的约定不受法律保护。

【法条链接】

《民法典》第六百八十条 禁止高利放贷，借款的利率不得违反国家有关规定。

借款合同对支付利息没有约定的，视为没有利息。

借款合同对支付利息约定不明确，当事人不能达成补充协议的，按照当地或者当事人的交易方式、交易习惯、市场利率等因素确定利息；自然人之间借款的，视为没有利息。

《民法通则意见》第一百二十五条 公民之间的借贷，出借人将利息计入本金计算复利的，不予保护；在借款时将利息扣除的，应当按实际出借款数计息。

物权篇

私有财产不容侵犯

物权的设立与变更

一物卖给两人，谁能取得所有权？

【案例】

2019 年 8 月 12 日，熊某将自己的一个艺术花瓶出售给康某，双方约定到 8 月 15 日办完展览后再将花瓶交给康某。8 月 16 日，熊某又将花瓶以更高的价格卖给了王某，而王某不知熊某先前已将花瓶卖给康某。那么，康某与王某谁拥有这个花瓶的所有权？

【法律解析】

王某取得该花瓶的所有权。本案中，熊某将花瓶卖给康某，约定由熊某占有该花瓶至展览结束，属于占有改定。这种情况下，该花瓶的所有权从双方约定生效时起发生改变，此时康某是该花瓶的所有权人，熊某无权再将该花瓶卖给其他人。而受让人王某不知该花瓶已不属于熊某所有，属于《民法典》物权编规定的善意取得。按照有关法律规定，王某最终享有该花瓶的所有权，至于康某的损失，则可以要求熊某赔偿。

【法条链接】

《民法典》第三百一十一条　无处分权人将不动产或者动产转让给受让人的，所有权人有权追回；除法律另有规定外，符合下列情形的，受让人取得该不动产或者动产的所有权：

（一）受让人受让该不动产或者动产时是善意的；

（二）以合理的价格转让；

（三）转让的不动产或者动产依照法律规定应当登记的已经登记，不需要登记的已经交付给受让人。

受让人依照前款规定取得不动产或者动产的所有权的，原所有权人有权向无处分权人请求损害赔偿。

当事人善意取得其他物权的，参照适用前两款规定。

车辆买卖未过户发生交通事故，登记车主是否承担赔偿责任？

【案例】

　　大军驾驶轿车造成重大交通事故，经有关部门认定，大军负事故的全部责任。后经查，该车是蔡某购买后转让给大军的，但未办理过户手续。事故受害人要求大军和蔡某赔偿经济损失，蔡某认为自己不应承担责任，遂拒绝。请问，车辆买卖未过户发生交通事故，登记车主是否承担赔偿责任呢？

【法律解析】

　　不需要。车辆买卖为动产的买卖，依有关法律的规定，其财产所有权从交付起转移。本案中，蔡某将自己的车转让给大军，该车所有权已发生转移，大军成为实际支配车辆运行和取得运行利益的受益者。发生交通事故，理应由大军承担赔偿责任，而原登记车主蔡某不应承担赔偿责任。

【法条链接】

　　《民法典》第二百二十五条　动产物权的设立和转让，自交付时发生效力，但是法律另有规定的除外。

房屋权益

交付房产证能否作为房屋所有权转移的依据？

【案例】

　　某公司为了解决员工的住宿问题，向某房地产公司订购了一栋房屋。房地产公司仅仅交付了房产证，并未办理过户登记手续。那么，该公司取得了房屋所有权吗？

【法律解析】

　　本案例涉及房屋等不动产的交易行为，只有在办理了房屋产权过户登记手续后，房屋的所有权才会由卖方转移给买方。本案中，仅有双方交付房产证的行为而并未办理房屋的过户登记手续，按照《民法典》物权编的规定，房屋的所有权仍然没有发生转移，该公司不能取得房屋的所有权。

【法条链接】

《民法典》第二百二十四条 不动产物权的设立、变更、转让和消灭，依照法律规定应当登记的，自记载于不动产登记簿时发生效力。

一房两卖如何确定所有权，按照合同还是房产证？

【案例】

胡先生与某房地产开发公司签订了购买合同，合同规定，胡先生首付40%的购房款，余款三个月内付清。合同签订后胡先生及时交纳了首付款。谁知，段先生也看中了这套房子，而他并不知道房地产开发公司与胡先生的购房情况，便以更高的价钱与房地产开发公司办理了购房合同，并很快办好了房产证。那么，谁对这套房屋具有所有权？

【法律解析】

段先生对这套房屋具有所有权。《民法典》物权编规定：不动产的买卖、变更、转让等合同，自合同成立时生效，未办理物权登记不影响合同的效力。因此，胡先生的购房合同有效。但是《民法典》物权编同时规定，不动产物权的设立、变更、转让和消灭只有经过依法登记才发生法律效力，未经登记不发生效力。因段先生办理了房产证，已取得了该房屋的所有权，所以胡先生只能根据商品房买卖合同的相关规定要求房地产开发公司赔偿自己的损失，而不能根据买卖合同取得房屋的所有权。

【法条链接】

《民法典》第二百零九条第一款 不动产物权的设立、变更、转让和消灭，经依法登记，发生效力；未经登记，不发生效力，但法律另有规定的除外。

《民法典》第二百一十五条 当事人之间订立有关设立、变更、转让和消灭不动产物权的合同，除法律另有规定或者合同另有约定外，自合同成立时生效；未办理物权登记的，不影响合同效力。

买房没有办理过户登记怎么办？

【案例】

2008年林某在某县城从亲戚手中购买了一套房子，当时房价是10万元，现在已飙升至230万元。买房时房产证并未改名，现在林某想改成自己的名字。请问，他该怎么办？

【法律解析】

根据有关法律规定，当事人之间订立有关设立、变更、转让和消灭不动产物权的合同，除法律另有规定或者合同另有约定外，自合同成立时生效；未办理物权登记的，不影响合同效力。因此，林某的房屋买卖合同已经成立并生效，他可以要求对方按合同要求，协助他办理过户登记。

【法条链接】

《民法典》第二百一十五条　当事人之间订立有关设立、变更、转让和消灭不动产物权的合同，除法律另有规定或者合同另有约定外，自合同成立时生效；未办理物权登记的，不影响合同效力。

所有权

不知是赃车而购买，是否适用善意取得？

【案例】

孙某以低价转让给小赵一辆轿车，后来小赵开车上班时，被警察扣留。经查，小赵的这辆车是孙某偷来的，但小赵并不知情。请问，小赵能否适用善意取得？

【法律解析】

虽然小赵并不知道其购买的是赃车，但他是以明显低于市场价格购买的，因此不适用善意取得。对于赃车，公安机关有权进行追缴和扣押。

原《物权法》第一百零六条 无处分权人将不动产或者动产转让给受让人的，所有权人有权追回；除法律另有规定外，符合下列情形的，受让人取得该不动产或者动产的所有权：

（一）受让人受让该不动产或者动产时是善意的；

（二）以合理的价格转让；

（三）转让的不动产或者动产依照法律规定应当登记的已经登记，不需要登记的已经交付给受让人。

受让人依照前款规定取得不动产或者动产的所有权的，原所有权人有权向无处分权人请求赔偿损失。

当事人善意取得其他物权的，参照前两款规定。

产权证上登记谁的名字，谁就是业主吗？

【案例】

2017年龙某以儿子的名义办理贷款，购买了一套房屋，产权证上是儿子的名字。入住后，该小区选举业主委员会时，其他业主说龙某不是产权人不能参加业主大会。请问，产权证上登记谁的名字谁就是业主吗？龙某能参加业主大会表决意见吗？

【法律解析】

根据有关法规，产权证上登记的产权人是谁，谁就是业主。不过，龙某可以作为他儿子的委托代理人参与业主大会表决并发表意见，但应当出具授权委托书。

【法条链接】

《物业管理条例》第六条第一款 房屋的所有权人为业主。

第十二条第二款 业主可以委托代理人参加业主大会会议。

刊登悬赏广告，说到就应该做到吗？

【案例】

王先生在出差途中，不小心将公文包丢失。因包内有单位重要文件，于是王先生在报纸上刊登广告，声明"将酬谢送还者5000元"。两天后，拾得此包的小刘与王先生取得联系，小刘将包交还给王先生，但王先生拒绝给付小刘 5000 元酬金，两人为此发生争执。请问，小刘有权获得酬金吗？

【法律解析】

小刘有权获得酬金。王先生在报纸上刊登的悬赏广告，是具有法律效力的。失主的悬赏广告可以视为一种要约行为，只不过要约的对象是全社会而不是某一个特定的人。对于这种要约行为，任何人都可以承诺，只要找到遗失物，并且如数返还失主，这种承诺就具备法律效力。双方也因此建立起了一种合同关系，合同双方的权利与义务受法律保护，合同当事人应当按照合同的约定，履行自己的义务。本案中，小刘如数返还遗失物，王先生就应该按照自己的承诺给付酬金。

【法条链接】

《民法典》第三百一十七条　权利人领取遗失物时，应当向拾得人或者有关部门支付保管遗失物等支出的必要费用。

权利人悬赏寻找遗失物的，领取遗失物时应当按照承诺履行义务。

拾得人侵占遗失物的，无权请求保管遗失物等支出的费用，也无权请求权利人按照承诺履行义务。

业主权益

业主不同意业主大会的决议，可以不执行吗？

【案例】

A 小区的业主大会通过决议，约定每户每月需缴纳 1000 元物业费。业主史某因出差在外，没有参加业主大会。到了缴费日期，史某声称自己没有参加业主大会，所以业主大会的决议对自己不生效，拒不按业主大会的决议缴纳物业费。另有小区居民仲某声称自己虽然参加了业主大会，但在会上对业主大会的决议表示了明确的反对，因此不受该决议约束，也不缴纳物业费。史某与仲某的说法有道理吗？

【法律解析】

史某与仲某的说法是错误的。《民法典》物权法规定，业主大会或者业主委员会的决议，对所有业主具有法律约束力。也就是说，无论业主是否参加业主大会，也无论其是否同意业主大会的决定，只要该决定经业主大会或者业主委员会通过，就对业主发生法律约束力。如果业主认为该决议侵犯了自己的权利，可以请求人民法院予以撤销，但在法院判决确认该决议对其无效前，还是要执行该决议。

【法条链接】

《民法典》第二百八十条　业主大会或者业主委员会的决定，对业主具有法律约束力。

业主大会或者业主委员会作出的决定侵害业主合法权益的，受侵害的业主可以请求人民法院予以撤销。

业主可以更换物业公司吗？

【案例】

某小区的物业公司工作人员没有经过正规培训，管理杂乱无章。后来，小区业主大会一致决定，辞退该物业公司。但物业公司的人却坚持不肯走，声称自己是开发商聘请的，只有开发商才可以辞退他们，业主无权干涉。物业公司的说法会得到法律的支持吗？

【法律解析】

物业公司的说法没有法律依据，业主大会可以依法辞退这家物业公司。在物业管理方面，《民法典》物权编赋予了业主自行管理与委托物业公司管理的选择权，同时规定，对建设单位聘请的物业公司，业主有权更换。本案中，物业公司不具备相应的资质，无法履行物业管理的职责，业主有权予以更换，不必经过开发商的同意。

【法条链接】

《民法典》第二百八十四条　业主可以自行管理建筑物及其附属设施，也可以委托物业服务企业或者其他管理人管理。

对建设单位聘请的物业服务企业或者其他管理人，业主有权依法更换。

小区绿地改建停车场，由谁来决定？

【案例】

由于花苑小区里轿车越来越多，小区内停车位非常紧张。可是小区内除了一块绿地之外，已经没有可以建停车位的场所。那么，小区的业主可以自行决定把绿地改建成停车场吗？

【法律解析】

小区的业主有权决定把绿地改建为停车场，但要由业主共同决定。具体而言，需要经过专有部分占建筑物总面积三分之二以上的业主且占总人数三分之二以上的业主同意。

【法条链接】

《民法典》第二百七十八条 下列事项由业主共同决定：

（一）制定和修改业主大会议事规则；

（二）制定和修改管理规约；

（三）选举业主委员会或者更换业主委员会成员；

（四）选聘和解聘物业服务企业或者其他管理人；

（五）使用建筑物及其附属设施的维修资金；

（六）筹集建筑物及其附属设施的维修资金；

（七）改建、重建建筑物及其附属设施；

（八）改变共有部分的用途或者利用共有部分从事经营活动；

（九）有关共有和共同管理权利的其他重大事项。

业主共同决定事项，应当由专有部分面积占比三分之二以上的业主且人数占比三分之二以上的业主参与表决。决定前款第六项至第八项规定的事项，应当经参与表决专有部分面积四分之三以上的业主且参与表决人数四分之三以上的业主同意。决定前款其他事项，应当经参与表决专有部分面积过半数的业主且参与表决人数过半数的业主同意。

《最高人民法院关于审理建筑物区分所有权纠纷案件具体应用法律若干问题的解释》第七条 处分共有部分，以及业主大会依法决定或者管理规约依法确定应由业主共同决定的事项，应当认定为民法典第二百七十八条第一款第（九）项规定的有关共有和共同管理权利的其他重大事项。

共 有

未经其他共有人同意，可以擅自出售共有的房屋吗？

【案例】

汪某与儿女共有一处房产。2017 年夏，汪某去探望在国外定居的儿子，把该房屋交给女儿管理使用。女儿未征得父亲汪某及哥哥的同意，将房屋卖给李某，并将购房款 80 万元据为己有。2021 年 2 月，汪某回国后得知女儿擅自出售房屋，便与李某交涉要求收回房屋。李某以已经签订房屋买卖协议为由不肯交回房屋，汪某无奈提起诉讼。汪某的诉讼请求能得到法院的支持吗？

【法律解析】

本案应分不同情形处理。如果李某不知此房为汪家父女共有，则买卖协议有效；如果李某明知此房并非汪某之女所有，还与其签订购房协议，则应认定为无效。依《民法典》物权编规定，处分共有的不动产或者动产，应当经占份额三分之二以上的按份共有人或者全体共同共有人同意。本案中，汪某的女儿未经其他共有人同意，擅自将房屋出售的行为无效。据此，汪某有权要求收回房屋。

【法条链接】

《民法典》第三百零一条 处分共有的不动产或者动产以及对共有的不动产或者动产作重大修缮、变更性质或者用途的，应当经占份额三分之二以上的按份共有人或者全体共同共有人同意，但是共有人之间另有约定的除外。

《民法通则意见》第八十九条 共同共有人对共有财产享有共同的权利，承担共同的义务。在共同共有关系存续期间，部分共有人擅自处分共有财产的，一般认定无效。但第三人善意、有偿取得该项财产的，应当维护第三人的合法权益；对其他共有人的损失，由擅自处分共有财产的人赔偿。

母子俩共有的汽车撞伤他人，谁来支付医疗费？

【案例】

小刘母子共有一辆汽车，母亲考虑到小刘没有固定的工作，于是同意该汽车归小刘用来开出租谋生计。但是小刘开出租却不尽心，经常酗酒、赌博，因此引起小刘母亲的不满。5月，小刘酒后驾车，将行人孙女士撞伤，孙女士住院共花去医药费2万余元。事后，孙女士要求小刘母子承担全部的医药费，但是小刘母亲认为该事故是儿子小刘一人造成的，自己不应该承担任何责任。那么，孙女士的医疗费该由谁来承担呢？

【法律解析】

本案中，小刘酒后将孙女士撞伤，侵犯了孙女士的身体健康权，虽然事故是由小刘一人造成的，但由于该汽车是由小刘母子共有，而且责任并不可分，因此由二人承担连带赔偿责任。具体来说，孙女士可要求小刘母子中的任何一方承担赔偿责任，而承担责任的一方可在履行义务后向另一方进行追偿。

【法条链接】

《民法典》第二百九十七条　不动产或者动产可以由两个以上组织、个人共有。共有包括按份共有和共同共有。

第二百九十九条　共同共有人对共有的不动产或者动产共同享有所有权。

共有人对共有财产有优先购买权吗？

【案例】

史大与史二是兄弟，二人从父亲处继承房屋两间，兄弟各分得一间。后来史大因急需用钱，要把自己的一间卖给龙某，谈妥价钱后签订了协议。这时史二对其兄史大说，房子不能卖给他人，自己在同等条件下有优先购买权，这个房子是多少钱卖给龙某的，自己愿意出相同价钱。而龙某要求史大履行协议，交付房屋。那么，史二可以优先购买这间房子吗？

【法律解析】

在同等条件下，史二可以优先购买房屋。《民法典》物权编规定，按份共有人转让其享有的共有的不动产或者动产份额时，其他共有人在同等条件下享有优先购买权。本案中对于史家的房屋，二人属于按份共有。史大欲出售其共有份额，史二在同等条件下可以优先购买。

【法条链接】

《民法典》第三百零五条　按份共有人可以转让其享有的共有的不动产或者动产份额。其他共有人在同等条件下享有优先购买的权利。

《民法通则意见》第九十二条　共同共有财产分割后，一个或者数个原共有人出卖自己分得的财产时，如果出卖的财产与其他原共有人分得的财产属于一个整体或者配套使用，其他原共有人主张优先购买权的，应当予以支持。

房屋共有人应怎样承担连带债务？

【案例】

张某曾与一个亲戚合伙建了一栋旧式木结构住房，由于年久失修，木料腐朽，存在倒塌的危险。张某经济比较困难，所以多次要求亲戚出钱整修。但该亲戚在城里买了房子，总是以各种借口拖延。请问，万一房子倒塌伤了人，该由谁来负责？

【法律解析】

该房屋是张某与亲戚合伙建造，由他们两人共有。因此，该房屋若倒塌伤人，他们俩应承担连带民事赔偿责任。如果该房屋属于按份共有，张某所承担的赔偿数额超过他所应当承担的份额，则可向亲戚追偿。

【法条链接】

《民法典》第三百零七条　因共有的不动产或者动产产生的债权债务，在对外关系上，共有人享有连带债权、承担连带债务，但法律另有规定或者第三人知道共有人不具有连带债权债务关系的除外；在共有人内部关系上，除共有人另有约定外，按份共有人按照份额享有债权、承担债务，共同共有人共同享有债权、承担债务。偿还债务超过自己应当承担份额的按份共有人，有权向其他共有人追偿。

劳动保障篇

维护你的职场权益

应聘中的权益

用人单位在招聘时应当告知哪些内容？

【案例】

2021 年 3 月，李某参加了一次招聘会，之后有一家公司通知李某面试。在面试过程中，该公司详细介绍了自己的发展历程，以及公司的企业文化。当李某问到工作地点及劳动报酬时，公司负责人称："不确定，只要成为公司的员工就要服从分配，报酬问题根据工作业绩及个人表现来定。"听完之后李某很迷惑。用人单位在招聘时应当告知哪些内容？

【法律解析】

用人单位故意隐瞒与订立合同有关的重要事实，致使劳动者在应聘时不能全面了解信息，这样在履行劳动合同时就会出现纠纷，给用人单位和劳动者造成不必要的麻烦。因此，用人单位在招聘时的如实告知义务包括两部分：一是法定告知内容，二是劳动者要求了解的与工作相关的内容。

【法条链接】

《劳动合同法》第八条　用人单位招用劳动者时，应当如实告知劳动者工作内容、工作条件、工作地点、职业危害、安全生产状况、劳动报酬，以及劳动者要求了解的其他情况……

公司录用新员工时能否收取风险抵押金？

【案例】

阿俊高中毕业后和朋友去某公司应聘，公司提出要收取 1000 元风险抵押金。公司招聘人员同时还告诉阿俊，不愿意交风险抵押金就不录用。阿俊想知道，这种收取风险抵押金的行为合法吗？

【法律解析】

　　企业在招录员工并与之签劳动合同的时候不能收取风险抵押金等。本案中，阿俊应聘的公司要求阿俊交纳风险抵押金，否则就不录用，这实际上是对劳动者一种变相的要挟、强迫。不仅违背了订立劳动合同应当遵循的平等、自愿、协商一致的原则，而且也违反了不得收取任何形式财物的法律、法规规定。

【法条链接】

　　《劳动合同法》第九条　用人单位招用劳动者，不得扣押劳动者的居民身份证和其他证件，不得要求劳动者提供担保或者以其他名义向劳动者收取财物。

职前培训是否可以认为是劳动关系的建立？

【案例】

　　蔡某和朋友一起应聘到一家工厂工作。在上岗前，工厂要对新员工进行为期2个月的培训。工厂主管跟蔡某等人说，培训期间不算正式工作，每个月只发给他们400元生活费。培训期满后，工厂按照蔡某等人在培训期间的表现，再决定是否聘用他们。蔡某想知道，工厂主管的说法有法律依据吗？

【法律解析】

　　工厂主管的说法没有法律依据，因为自蔡某等人参加培训的第一天起即与工厂建立了劳动关系。根据有关法律规定，用人单位未在用工的同时订立书面劳动合同，与劳动者约定的劳动报酬不明确的，新招用的劳动者的劳动报酬按照集体合同规定的标准执行；没有集体合同或者集体合同未规定的，实行同工同酬。

【法条链接】

　　《劳动法》第三条第一款　劳动者享有平等就业和选择职业的权利、取得劳动报酬的权利、休息休假的权利、获得劳动安全卫生保护的权利、接受职业技能培训的权利、享受社会保险和福利的权利、提请劳动争议处理的权利以及法律规定的其他劳动权利。

　　《劳动合同法》第七条　用人单位自用工之日起即与劳动者建立劳动关系。用人单位应当建立职工名册备查。

第十一条　用人单位未在用工的同时订立书面劳动合同，与劳动者约定的劳动报酬不明确的，新招用的劳动者的劳动报酬按照集体合同规定的标准执行；没有集体合同或者集体合同未规定的，实行同工同酬。

劳动合同的签订与效力

什么样的劳动合同是无效的？

【案例】

某公司在与赵某就劳动合同细节问题商谈时，完全背离实际情况，并作出一些虚假的承诺，使赵某信以为真。赵某与该公司签订合同后，发现公司当初的承诺不可能兑现。该合同有效吗？

【法律解析】

该合同无效。依据《劳动合同法》的相关规定，以欺诈、胁迫的手段或者乘人之危，使对方在违背真实意思的情况下订立或者变更劳动合同的，劳动合同无效或部分无效。赵某是在被欺骗的情况下与公司签订劳动合同的，因此，该合同是无效的。

【法条链接】

《劳动合同法》第二十六条　下列劳动合同无效或者部分无效：

（一）以欺诈、胁迫的手段或者乘人之危，使对方在违背真实意思的情况下订立或者变更劳动合同的；

（二）用人单位免除自己的法定责任、排除劳动者权利的；

（三）违反法律、行政法规强制性规定的。

对劳动合同的无效或者部分无效有争议的，由劳动争议仲裁机构或者人民法院确认。

劳动合同中"发生伤亡事故概不负责"的条款有效吗？

【案例】

窦某与某建筑公司签订了一份为期3年的合同，合同中约定"发生伤亡事故，本公司概不负责"。不久，窦某在一次施工中不慎从脚手架上摔落，造成腰椎粉碎性骨折，下肢瘫痪，生活不能自理。事故发生后，窦某一家无力承担巨额的医疗费用，遂要求公司支付医疗费用。建筑公司以早有约定为由，拒绝支付。请问，窦某与建筑公司签订的合同有效吗？

【法律解析】

窦某与建筑公司签订的合同中，"发生伤亡事故，本公司概不负责"的条款是无效的，其余部分，如果没有违反相关的法律规定，应视为有效。建筑行业是比较危险的行业，一些建筑公司为了减少支出，扩大收益，便会要求职工签订包含"发生伤亡事故，本公司概不负责"等类似条款的合同。这些条款加重了劳动者的负担，失之公平，因此不能成为免责事由，公司不能以此作为逃避责任的理由。窦某的家属可以要求建筑公司支付医疗费用。

【法条链接】

《劳动合同法》第二十六条　下列劳动合同无效或者部分无效：

（一）以欺诈、胁迫的手段或者乘人之危，使对方在违背真实意思的情况下订立或者变更劳动合同的；

（二）用人单位免除自己的法定责任、排除劳动者权利的；

（三）违反法律、行政法规强制性规定的。

对劳动合同的无效或者部分无效有争议的，由劳动争议仲裁机构或者人民法院确认。

集体合同只适用于在职员工吗？

【案例】

2018年5月，郭某与一家贸易公司签订了劳动合同，合同约定每月工资2400元。工作后郭某得知，公司与工会在2017年曾签订过一份集体合同，约定职工每月工资不低于3000元。之后郭某找公司要求提高工资，但是公司说该集体合同只适用于当时在职的员工。公司的说法正确吗？

【法律解析】

公司的说法不正确。集体合同是由工会或者职工代表与用人单位订立的书面协议，目的是维护企业全体劳动者的合法权益。因此，只要集体劳动合同是经过合法程序订立并报送劳动行政部门审核通过，在合同有效期内，对本单位所有劳动者都具有约束力。即使郭某在集体合同订立后才进入公司，对他也同样有效。

【法条链接】

《劳动合同法》第五十四条　集体合同订立后，应当报送劳动行政部门；劳动行政部门自收到集体合同文本之日起十五日内未提出异议的，集体合同即行生效。

依法订立的集体合同对用人单位和劳动者具有约束力……

劳动合同的履行

原合同中的约定对子公司有效吗？

【案例】

某单位与贺某签订的劳动合同中有以下条款：公司根据工作需要有权将劳动者调到企业下属的子公司工作，劳动者到子公司工作后工资待遇由子公司决定。请问，原合同中的约定对子公司有效吗？

【法律解析】

原合同中的约定对子公司无效。该单位单方约定，根据工作需要有权将贺某调到公司下属的子公司工作，而且工资待遇由子公司决定，这一约定违反平等自愿、协商一致的原则。子公司具有独立的法人资格，如果贺某被调到子公司工作，等于原劳动合同的主体用人单位一方改变了原合同中约定的双方权利义务，子公司可以不履行，这样贺某的合法权益可能会遭到损害。

【法条链接】

《劳动法》第十七条　订立和变更劳动合同，应当遵循平等自愿、协商一致的原则，不得违反法律、行政法规的规定。

劳动合同依法订立即具有法律约束力，当事人必须履行劳动合同规定的义务。

应以什么形式变更劳动合同？

【案例】

马某在某公司人事部工作，因与人事部经理发生误会，经理让马某离开公司。马某向老总澄清后，老总说让经理向马某道歉。后来公司让马某去行政部门工作，马某让公司出具变更劳动合同的书面通知，负责人说没时间，还说他们调动员工工作不需要任何理由。请问，马某该怎么办？

【法律解析】

根据《劳动法》的规定，订立和变更劳动合同，应当遵循平等自愿、协商一致的原则，不得违反法律、行政法规的规定。另外，根据《劳动合同法》的相关规定，变更劳动合同，应当采用书面形式。本案中，用人单位应该与马某协商一致后，对劳动合同中所约定的工作内容进行变更，并应采取书面形式。如发生纠纷，马某可向当地劳动行政部门申诉，也可申请劳动仲裁。如若对仲裁结果不服，可向人民法院起诉。

【法条链接】

《劳动法》第十七条第一款 订立和变更劳动合同，应当遵循平等自愿、协商一致的原则，不得违反法律、行政法规的规定。

《劳动合同法》第三十五条 用人单位与劳动者协商一致，可以变更劳动合同约定的内容。变更劳动合同，应当采用书面形式。

变更后的劳动合同文本由用人单位和劳动者各执一份。

用人单位可以强行调换劳动者的工作岗位吗？

【案例】

2019 年 9 月，叶某受聘于一家公司，并与公司签订了劳动合同。合同中约定"正式聘用叶某为公司的技术总监"，合同期为 5 年，同时约定好了薪金。2019 年 11 月，公司在没有任何理由的情况下，将叶某降职为普通技术员，月薪也随之下调。叶某认为劳动合同中明确约定了自己的工作职位，公司不能擅自更改。但叶某与公司多次协商无果，遂向劳动仲裁委员会提出了申诉。公司可以随便调换叶某的职位吗？

【法律解析】

用人单位不能随便调换劳动者的职位。依法签订的劳动合同是具有法律效力的，签订合同的双方当事人必须严格履行合同中规定的义务。没有法定的变更事由，也没有经过双方当事人协商，任何一方都不能随意变更合同的内容。工作职位是劳动合同中十分重要的内容，对其更改可以视为对合同的变更。本案中，这家公司在没有任何事由，也没有与叶某协商的情况下，擅自变更了叶某的工作岗位，这是法律所不允许的。

【法条链接】

《劳动合同法》第二十九条　用人单位与劳动者应当按照劳动合同的约定，全面履行各自的义务。

《劳动法》第十七条　订立和变更劳动合同，应当遵循平等自愿、协商一致的原则，不得违反法律、行政法规的规定。

劳动合同依法订立即具有法律约束力，当事人必须履行劳动合同规定的义务。

用人单位不交付劳动合同怎么办？

【案例】

经面试，程某被录用为某烘烤屋服务员。双方签订了劳动合同，约定工资为每月 4000 元。面试时说好包吃包住、上班时间是从下午 6 点到凌晨 2 点，但这些都没有写进合同，而且也没有约定社会保险。合同只有一份，放在老板那里。请问，如果老板违反合同约定，程某该怎么办？

【法律解析】

劳动合同期限、工作时间、社会保险等是劳动合同的必备条款，而本案中签订的劳动合同中并没有载明，而且合同只有一份，违反法律规定，因此给程某造成的权益损害，用人单位应当承担赔偿责任。

【法条链接】

《劳动合同法》第八十一条　用人单位提供的劳动合同文本未载明本法规定的劳动合同必备条款或者用人单位未将劳动合同文本交付劳动者的，由劳动行政部门责令改正；给劳动者造成损害的，应当承担赔偿责任。

劳动合同的解除与终止

什么情况下劳动者可以解除合同?

【案例】

不久前,某污水处理厂的大批职工出现中毒现象。经调查,发现是由于未经过治理的水渗入饮水管道,致使食用过饮水管道里的水的职工全部中毒。经过抢救,中毒的职工都脱离了生命危险,但职工们决定与该厂解除劳动合同。这样做可以吗?

【法律解析】

职工们可以这样做。《劳动合同法》明确规定,用人单位的规章制度违反法律、法规的规定,损害劳动者权益的,劳动者可以解除劳动合同。该厂没有及时更新污水治理设备,致使大批职工饮水中毒,职工们可以解除劳动合同。

【法条链接】

《劳动合同法》第三十八条 用人单位有下列情形之一的,劳动者可以解除劳动合同:

……

用人单位的规章制度违反法律、法规的规定,损害劳动者权益的;

……

解除合同后,押金还能要回吗?

【案例】

赵某与某公司签订了为期2年的劳动合同,并按约定缴纳了2000元的押金。现在赵某已经在该公司工作了3个月,但该公司一直没有给赵某发工资。请问,如果赵某想离开该公司,他缴纳的押金还能要回来吗?

【法律解析】

根据《劳动合同法》的有关规定,用人单位招用劳动者,不得扣押劳动者的居民身份证和其他证件，不得要求劳动者提供担保或者以其他名义向劳动者收取财物。本案中，赵某所在公司收取押金的行为是违法的，无论他是否离开，押金都应该如数返还。

【法条链接】

《劳动合同法》第九条　用人单位招用劳动者，不得扣押劳动者的居民身份证和其他证件，不得要求劳动者提供担保或者以其他名义向劳动者收取财物。

职工可以随时解除劳动合同吗？

【案例】

2018年3月1日，小孙到一家民营企业应聘，当时签订了于3月1日至6月1日共3个月试用期的临时合同。6月2日签了正式合同，工资也按转正工资发放。现单位要给小孙调整岗位，小孙不接受，他们就直接下发调岗通知，并消除小孙原工作部门上班的签到指纹，告知小孙不到调岗后的部门报到就算小孙旷工。小孙认为自己有权不接受其他的岗位。那么，小孙应该怎样解除劳动合同呢？

【法律解析】

《劳动法》第三十二条规定了劳动者可以随时解除劳动合同的三种情形，如果小孙符合其中情形之一，就可以随时解除合同。否则，他要解除劳动合同，应当提前30日以书面形式通知用人单位。

【法条链接】

《劳动法》第三十二条　有下列情形之一的，劳动者可以随时通知用人单位解除劳动合同：

（一）在试用期内的；

（二）用人单位以暴力、威胁或者非法限制人身自由的手段强迫劳动的；

（三）用人单位未按照劳动合同约定支付劳动报酬或者提供劳动条件的。

劳动者可以不事先通知用人单位，随时解除劳动合同吗？

【案例】

冯某与某销售公司签订劳动合同。合同约定，冯某的月薪为2000元。

1个月后，冯某足额领到第一个月的工资。但是，自第二个月开始，公司声称冯某的工作业绩不好，要求减薪。冯某不服，向公司抗议无果后，遂宣布与该公司解除劳动关系。公司以单方面不能解约为由，拒绝冯某辞职。冯某可以单方面宣布解约吗？

【法律解析】

冯某可以单方面宣布解约。作为劳动者，在就业关系中本就属于弱势群体，其合法权益很容易受到侵害。对此，立法机关在立法时，制定相应的保护条款也是理所当然。本案中，公司减少冯某的薪金，与最初的约定相违背。冯某工作业绩的好坏与约定好的薪金是没有关系的，用人单位的行为属于无故克扣工资的行为，该行为严重侵害了冯某的合法权益。根据相应的法律规定，冯某可以单方面宣布解除与用人单位的劳动关系。

【法条链接】

《劳动法》第三十二条 有下列情形之一的，劳动者可以随时通知用人单位解除劳动合同：

（一）在试用期内的；

（二）用人单位以暴力、威胁或者非法限制人身自由的手段强迫劳动的；

（三）用人单位未按照劳动合同约定支付劳动报酬或者提供劳动条件的。

试用与见习

见习期与试用期有什么区别？

【案例】

于某是一名大学应届毕业生，5月通过招聘会进入一家企业工作，与该企业签订了一份为期3年的劳动合同，同时约定了1年的见习期。于某记得劳动合同法中规定，3年以上固定期限的劳动合同，试用期不得超过6个月。请问，见习期与试用期有什么区别？

【法律解析】

见习期是用人单位针对应届毕业生进行业务适应及考核的一种制

度，试用期是用人单位和劳动者建立劳动关系后为了相互了解、选择而约定的。见习期与试用期存在很大区别，见习期是专门适用于大中专、技校毕业生的，时间一般为1年，而试用期则适用于劳动合同期限3个月以上的，不以完成一定工作任务为期限的劳动合同，时间必须与合同期限契合，但最长不得超过6个月。

【法条链接】

《劳动部办公厅对〈关于劳动用工管理有关问题的请示〉的复函》第四条 关于见习期与试用期。大中专、技校毕业生新分配到用人单位工作的，仍应按原规定执行为期一年的见习期制度，见习期内可以约定不超过半年的试用期。

试用期间能否随时辞职？

【案例】

华某应聘到一家公司上班，公司规定华某的试用期为2个月，试用期间工资为1000元。华某到公司工作后，发现公司的实际运营情况不是太好，华某也不能接受公司的经营理念，便跟经理提出辞职。可是经理说华某得做完一个月，等公司招到了新员工才能离职。请问，华某要等多久才能离开公司？华某的工资该如何结算？

【法律解析】

由于华某是在试用期内，他可以随时辞职，不用等到公司招到新员工后再辞职。试用期内的工资标准不能低于当地最低工资标准，华某在公司工作满1个月可按月结算工资；如果工作不满1个月或者满1个月但不满2个月，公司应当按照他的实际工作天数支付工资。

【法条链接】

《劳动法》第三十二条 有下列情形之一的，劳动者可以随时通知用人单位解除劳动合同：

（一）在试用期内的；

（二）用人单位以暴力、威胁或者非法限制人身自由的手段强迫劳动的；

（三）用人单位未按照劳动合同约定支付劳动报酬或者提供劳动条件的。

试用期内发现劳动者不符合录用条件怎么办？

【案例】

某公司招收了一批新职员，在试用期中，公司发现自称毕业于北京某知名大学的戴某的整体素质与其他学员相差甚远，学习能力极差，与简历上标注的信息完全不符。请问，该公司可以将其辞退吗？

【法律解析】

该公司可以将其辞退。本案中，戴某投发的简历显然误导了该公司，使该公司以为戴某是符合录用条件的。在随后的试用期内，戴某的实际情况逐渐被公司掌握。当公司可以明确地证明戴某不符合录用条件时，就可以依照相关的法律规定，解除与他的劳动合同关系。

【法条链接】

《劳动合同法》第三十九条　劳动者有下列情形之一的，用人单位可以解除劳动合同：

（一）在试用期间被证明不符合录用条件的；

（二）严重违反用人单位的规章制度的；

（三）严重失职，营私舞弊，给用人单位造成重大损害的；

（四）劳动者同时与其他用人单位建立劳动关系，对完成本单位的工作任务造成严重影响，或者经用人单位提出，拒不改正的；

（五）因本法第二十六条第一款第一项规定的情形致使劳动合同无效的；

（六）被依法追究刑事责任的。

薪酬待遇与休息休假

工作日怎么计算？

【案例】

叶某是某公司职工，月工资标准 15000 元。公司决定实行日工资制后，叶某拿到工资 10415 元，比以前少了 4585 元。满头雾水的叶某找到公司经理询问此事，经理称用月工资标准 15000 元除以每月 30 天得出日工资

500 元，每月除去公休日的平均实际工作天数为 20.83 天，按日工资制计算，500 元乘以 20.83 天，所得月工资就是 10415 元。工作日是这样计算的吗？

【法律解析】

工作日不是这样计算的。正确的计算方式应是全年日历天数 365 天减去法定休息日 11 天，再减去公休日 104 天，所得天数再除以 12，最终得出的是每月平均工作天数 20.83 天。此处，案例中的某公司恶意混淆概念，用 15000 元的基准工资除以 30 天，得出日工资数额为 500 元，这种算法是错误的。应该用 15000 元除以每月平均工作天数 20.83 天，这样得出正确的日平均工资数额 720 元，再乘以实际工作天数 20.83，得出叶某的工资还是 15000 元，没有减少。

【法条链接】

《劳动法》第三十六条　国家实行劳动者每日工作时间不超过八小时、平均每周工作时间不超过四十四小时的工时制度。

非全日制用工的薪酬是如何计算的？

【案例】

蔡某是小时工，工作内容是按照雇佣人的要求，从事清洁工作。因此，蔡某没有固定的工作时间和工作地点，薪金按照一月一结算是不可能的，他的薪酬该怎么计算呢？

【法律解析】

蔡某属于非全日制用工。按照《劳动合同法》的规定，非全日制用工，以小时计酬为主，但也不排除其他合理的计算方式。尽管是按小时计酬，但是每小时的酬金不能低于用人单位所在地人民政府规定的最低小时工资标准。

【法条链接】

《劳动合同法》第六十八条　非全日制用工，是指以小时计酬为主，劳动者在同一用人单位一般平均每日工作时间不超过四小时，每周工作时间累计不超过二十四小时的用工形式。

第七十二条　非全日制用工小时计酬标准不得低于用人单位所在地人

民政府规定的最低小时工资标准。

非全日制用工劳动报酬结算支付周期最长不得超过十五日。

用人单位让员工加班要支付加班费吗？

【案例】

某设备制造厂接到一笔款额较大的订单，由于时间紧迫，要求全厂职工不分昼夜地加班，采取轮休制度。该厂职工接受厂里的决定，但要求支付一定的加班费。请问，加班要支付加班费吗？

【法律解析】

加班要支付加班费。为了保障劳动者的合法权益，国家在立法时，并不支持用人单位为了业绩而安排职工长时间地从事超出既定时间的工作，因为这在实质上是侵犯职工的合法权益。但是实际上，超时工作的现象不可避免。对此，只能采取一些补偿的措施，如给加班的职工支付加班费。本案中，某设备制造厂为了在规定的期限内完成订单，要求职工加班加点，这也是无可奈何的事。但职工加班加点付出劳动，应该给予一定的补偿，支付职工加班费。

【法条链接】

《劳动法》第四十四条　有下列情形之一的，用人单位应当按照下列标准支付高于劳动者正常工作时间工资的工资报酬：

（一）安排劳动者延长工作时间的，支付不低于工资的百分之一百五十的工资报酬；

……

实行计时工资制，可以带薪休假吗？

【案例】

赵某是一家公司的职工，公司实行计时工作制。在公司已经工作了3年的赵某向单位申请休年假，被批准休假两周，但公司要扣发赵某两周的工资。请问，赵某休年假是否享受工资待遇？

【法律解析】

赵某在休假期间应该享受工资待遇，赵某所在公司的做法违反了法律规定。计时工资是按照单位计时工资标准和工作时间支付给职工个人的劳动报酬，它是计算发放劳动报酬的一种制度，不是规定工作时间和休息时间的制度。年休假制度是我国法律规定的一种法定休息制度，对企业具有强制力。因赵某在公司已工作 3 年，享有带薪年休假的权利。

【法条链接】

《劳动法》第四十五条 国家实行带薪年休假制度。

劳动者连续工作一年以上的，享受带薪年休假。具体办法由国务院规定。

损害赔偿篇

捍卫权益

交通事故损害赔偿

违章停车遭遇酒后驾车，责任如何承担？

【案例】

　　某日晚，苏某驾驶摩托车回家。当车行至某环岛时，一个垃圾袋附着在苏某的摩托车轮上。苏某将车停在机动车道内，下车清理。此时，朱某驾驶小轿车快速驶来。由于朱某酒后驾车，苏某与摩托车一起被撞飞，当场死亡。那么，当事人应该如何承担事故责任？

【法律解析】

　　朱某应承担该事故的主要责任，苏某承担次要责任。本案中，虽然苏某在清除故障时未按规定将车移至不妨碍交通的地方停放，但其主观上不存在违章的故意，其过错应属于过失，不承担事故的主要责任。而朱某是在饮酒后驾车，其行为是严重违章。朱某饮酒导致判断力下降，是造成该事故的主要原因。

【法条链接】

　　《道路交通安全法》第二十二条　机动车驾驶人应当遵守道路交通安全法律、法规的规定，按照操作规范安全驾驶、文明驾驶。

　　饮酒、服用国家管制的精神药品或者麻醉药品，或者患有妨碍安全驾驶机动车的疾病，或者过度疲劳影响安全驾驶的，不得驾驶机动车。

　　任何人不得强迫、指使、纵容驾驶人违反道路交通安全法律、法规和机动车安全驾驶要求驾驶机动车。

　　第五十二条　机动车在道路上发生故障，需要停车排除故障时，驾驶人应当立即开启危险报警闪光灯，将机动车移至不妨碍交通的地方停放；难以移动的，应当持续开启危险报警闪光灯，并在来车方向设置警告标志等措施扩大示警距离，必要时迅速报警。

小区内被车撞伤如何维权？

【案例】

    某天傍晚，梁某和邻居在小区里聊天。旁边一辆捷达轿车忽然倒车，梁某来不及躲闪，被撞倒在地，造成小腿骨折，肇事司机只给了梁某1000元，其他的费用都不赔偿。有人说这属于交通事故，应当由交警处理，也有人说小区内不属于道路范围。那么，梁某该如何维护自己的权益？

【法律解析】

    《道路交通安全法》中的"道路"是指公路、城市道路和虽在单位管辖范围内但允许社会机动车通行的地方，包括广场、公共停车场等用于公众通行的场所。车辆在法定道路以外通行时发生的事故不属于道路交通事故，而属于非道路交通事故。在住宅小区内被行驶的汽车撞伤，可以按照交通事故的有关规定进行维权。案例中肇事司机除了只是给梁某1000元外，其他的费用都不赔偿，不能与梁某达成和解。梁某可以找公安部门处理或者以损害赔偿为由，向人民法院起诉，通过诉讼程序解决。在肇事司机对事故的发生存在过失的情况下，根据刑法及其司法解释的相关规定，肇事方的行为已涉嫌过失致人重伤罪。

【法条链接】

    《道路交通安全法》第七十七条　车辆在道路以外通行时发生的事故，公安机关交通管理部门接到报案的，参照本法有关规定办理。

    《最高人民法院关于审理道路交通事故损害赔偿案件适用法律若干规定的解释》第二十八条　机动车在道路以外的地方通行时引发的损害赔偿案件，可以参照适用本解释的规定。

    《刑法》第二百三十五条　过失伤害他人致人重伤的，处三年以下有期徒刑或者拘役。

什么是机动车无过错责任？

【案例】

    某天早晨，某十字路口发生了堵车。人行横道被机动车堵死，行人只好从机动车之间穿行。当行人汤某欲从一辆停止的大巴前穿过时，司机因未注意到前方的汤某而启动大巴，汤某抽身不及被当场辗轧致死。那么，大巴司机是否可以因汤某穿行机动车道而免责呢?

【法律解析】

大巴司机不能免责，应当承担事故的全部责任。我国法律实行机动车无过错责任，即对机动车与非机动车、行人之间的交通事故适用无过错责任。本案中，当大巴启动时，司机应当注意车辆的前方是否有人穿行，但该司机却未在高度注意和确保安全的情况下启动车辆，导致交通事故的发生，因此应承担全部责任。

【法条链接】

《道路交通安全法》第七十六条第一款第二项 机动车与非机动车驾驶人、行人之间发生交通事故，非机动车驾驶人、行人没有过错的，由机动车一方承担赔偿责任；有证据证明非机动车驾驶人、行人有过错的，根据过错程度适当减轻机动车一方的赔偿责任；机动车一方没有过错的，承担不超过百分之十的赔偿责任。

第二款 交通事故的损失是由非机动车驾驶人、行人故意碰撞机动车造成的，机动车一方不承担赔偿责任。

双方都存在过错导致交通事故，责任如何划分?

【案例】

顾某开车去往北京，临行前检查时发现防雾灯已坏，但他未予以修理。当他驾车行至大兴时，遇上大雾天气，道路能见度仅 10 米左右。顾某的车辆行至某道路某转弯处时，将同向行驶的一辆农用车撞翻。事发时，农用车未按规定靠道路右侧边沿行驶，顾某的车未开防雾灯。那么，对于此次事故的责任该如何认定?

【法律解析】

顾某应承担主要责任，农用车应承担次要责任。顾某在上路之前已经发现防雾灯损坏，但未加修理，存在重大过错，因此要负主要责任。农用车驾驶人在路况不允许的情况下，本应该按规定靠道路右侧行驶，但其却违反交通规定，存在一定的过错，应承担部分责任。

【法条链接】

《道路交通安全法》第二十一条 驾驶人驾驶机动车上道路行驶前，应当对机动车的安全技术性能进行认真检查；不得驾驶安全设施不全或者机件不符合技术标准等具有安全隐患的机动车。

在高速公路上正常行驶的机动车撞上行人可以免责吗？

【案例】

一日，常某为抄近路回家，从高速公路护栏的破损处进入高速公路，当其快要冲过隔离带时，撞在一辆正常行驶的轿车上。常某被撞飞，当场死亡。经公安机关现场勘查认定：常某负事故的全部责任。那么，本案中的轿车司机应否对常某的死承担责任呢？

【法律解析】

轿车司机可以减轻责任，但不能免除全部责任。《道路交通安全法》对机动车与行人发生交通事故的归责原则适用无过错责任，无论机动车一方有无过错，均应承担相应的责任，除非有证据证明事故是由行人故意造成的，机动车一方才不承担责任。

【法条链接】

《道路交通安全法》第七十六条第一款第二项　机动车与非机动车驾驶人、行人之间发生交通事故，非机动车驾驶人、行人没有过错的，由机动车一方承担赔偿责任；有证据证明非机动车驾驶人、行人有过错的，根据过错程度适当减轻机动车一方的赔偿责任；机动车一方没有过错的，承担不超过百分之十的赔偿责任。

医疗事故赔偿

在社区医院输血染肝炎，该如何举证？

【案例】

阮某遭遇车祸大出血，需立即输血，可所在的社区医院中没有合适的血浆。当时，一位病人赵某的血型正好符合要求，在征得双方同意后，赵某输血给阮某。1个月后，阮某痊愈，却发现得了肝炎，怀疑是上次输血引起的。之后到门诊部询问赵某的地址，但社区门诊却拒绝提供，说输血时是经过双方同意的。阮某该如何举证？

【法律解析】

阮某需要就患肝炎的损害事实承担举证责任。医疗机构应该就医疗行为与损害结果之间不存在因果关系及不存在医疗过错承担举证责任。

【法条链接】

《民法典》第一千二百二十三条　因药品、消毒产品、医疗器械的缺陷，或者输入不合格的血液造成患者损害的，患者可以向药品上市许可持有人、生产者、血液提供机构请求赔偿，也可以向医疗机构请求赔偿。患者向医疗机构请求赔偿的，医疗机构赔偿后，有权向负有责任的药品上市许可持有人、生产者、血液提供机构追偿。

《最高人民法院关于审理医疗损害责任纠纷案件适用法律若干问题的解释》第四条　患者依据民法典第一千二百一十八条规定主张医疗机构承担赔偿责任的，应当提交到该医疗机构就诊、受到损害的证据。

患者无法提交医疗机构或者其医务人员有过错、诊疗行为与损害之间具有因果关系的证据，依法提出医疗损害鉴定申请的，人民法院应予准许。

医疗机构主张不承担责任的，应当就民法典第一千二百二十四条第一款规定情形等抗辩事由承担举证证明责任。

第七条　医疗机构，医疗产品的生产者、销售者、药品上市许可持有人或者血液提供机构主张不承担责任的，应当对医疗产品不存在缺陷或者血液合格等抗辩事由承担举证证明责任。

哪些情形不属于医疗事故？

【案例】

席某因高烧去医院治疗，需要注射青霉素。护士按规定给席某做了皮试后不久，席某出现呼吸困难等异常反应。医院立即进行急救，但抢救无效，席某死亡。席某家属认为是医疗事故，要求医院赔偿。而医院辩称不存在过失，应为医疗意外而非医疗事故，故此不应承担赔偿责任。那么，本案的情形属于医疗事故吗？院方要承担赔偿责任吗？

本案中，医院对席某的诊断、治疗及用药都是正确的，护士为席某做皮试也按正常的规程操作，因此医院不存在过失。席某的死亡是由于其体内机能的原因产生了高度过敏反应，而且医院也履行了及时救治的义务，因此医院不应承担赔偿责任。

【法条链接】

《医疗事故处理条例》第三十三条　有下列情形之一的，不属于医疗事故：

（一）在紧急情况下为抢救垂危患者生命而采取紧急医学措施造成不良后果的；

（二）在医疗活动中由于患者病情异常或者患者体质特殊而发生医疗意外的；

（三）在现有医学科学技术条件下，发生无法预料或者不能防范的不良后果的；

（四）无过错输血感染造成不良后果的；

（五）因患方原因延误诊疗导致不良后果的；

（六）因不可抗力造成不良后果的。

十几年之后发现肾被误摘，诉讼时效已过了吗？

【案例】

2002年，8岁的虞某在医院治病期间被误摘去一肾，但当时医院怕承担责任没有告诉虞某家长。2020年，虞某进行婚前检查，查出右肾已被摘除。经回忆，确认只有8岁时曾做过一次手术，于是把当年为他做手术的医院告上法院要求赔偿，而医院辩称诉讼时效已过，不再承担责任。事过十几年，虞某会败诉吗？

【法律解析】

如果有证据证明虞某的肾的确是那家医院误摘的，不会败诉。《民法典》虽然未对身体受到伤害的诉讼时效特别提及，原《民法通则》第一百三十六条规定，身体受到伤害要求赔偿的，诉讼时效期间为一年，从知道或者应当知道权利被侵害时起计算。《民法典》总则编第一百八十八条则规定，向人民法院请求保护民事权利的诉讼时效期间为三年。《民法典》生效后，《民法通则》已失效，本案中，虞某在 2020 年进行婚检的时候才发现右肾被摘除，因此诉讼时效可认定为三年，其诉讼时效期间应从此时起计算。

【法条链接】

《民法典》第一百八十八条　向人民法院请求保护民事权利的诉讼时效期间为三年。法律另有规定的，依照其规定。

诉讼时效期间自权利人知道或者应当知道权利受到损害以及义务人之日起计算。法律另有规定的，依照其规定。但是，自权利受到损害之日起超过二十年的，人民法院不予保护，有特殊情况的，人民法院可以根据权利人的申请决定延长。

医院伪造病历侵犯了患者的哪些权利？

【案例】

盛某到某医院做胆囊摘除手术。一年后，盛某偶然听说医院在手术中发现他左肾积水，也一并予以切除。盛某找到医院，院方向他出具了病历记录，是由盛某父亲签字的。而其父却称自己从未见过此病历，也未签过字。经笔迹鉴定，签名并非盛某的父亲所写。请问，此案中医院的行为侵犯了盛某的哪些权利呢？

【法律解析】

医院的行为侵犯了盛某的生命健康权及知情权。生命健康权是神圣不可侵犯的，任何人不得任意处分他人的生命和健康。此案中，医院伪造病历，应当承担赔偿责任。

【法条链接】

《民法典》第一千二百一十八条　患者在诊疗活动中受到损害，医疗机构或者其医务人员有过错的，由医疗机构承担赔偿责任。

第一千二百一十九条　医务人员在诊疗活动中应当向患者说明病情和医疗措施。需要实施手术、特殊检查、特殊治疗的，医务人员应当及时向患者具体说明医疗风险、替代医疗方案等情况，并取得其明确同意；不能或者不宜向患者说明的，应当向患者的近亲属说明，并取得其明确同意。

医务人员未尽到前款义务，造成患者损害的，医疗机构应当承担赔偿责任。

第一千二百二十二条　患者在诊疗活动中受到损害，有下列情形之一的，推定医疗机构有过错：

（一）违反法律、行政法规、规章以及其他有关诊疗规范的规定；

（二）隐匿或者拒绝提供与纠纷有关的病历资料；

（三）遗失、伪造、篡改或者违法销毁病历资料。

《医疗事故处理条例》第九条　严禁涂改、伪造、隐匿、销毁或者抢夺病历资料。

第十一条　在医疗活动中，医疗机构及其医务人员应当将患者的病情、医疗措施、医疗风险等如实告知患者，及时解答其咨询；但是，应当避免对患者产生不利后果。

工伤鉴定及赔偿

签了"免责合同"能免除工伤责任吗？

【案例】

郁某在某建筑公司当临时工，他同公司签订了协议，其中包含"对民工的工伤概不负责"等条款。一天，郁某在工作时不慎从高处坠落，致使小腿骨折，公司给其2000元钱作为医疗费。由于伤情较为严重，住院2个多月，郁某无力支付医疗费，只好找公司帮忙解决，但公司拒付。那么，签订了"免责合同"后，公司能免除工伤责任吗？

【法律解析】

公司不能免除责任，郁某的劳动合同中"对民工的工伤概不负责"的条款是无效的。本案中，公司与郁某签订这种"工伤概不负责"的协议，既不符合法律规定，也严重违反了社会公德，属于无效的民事行为，因此公司不能免除工伤责任。

《劳动合同法》第二十六条 下列劳动合同无效或者部分无效:

（一）以欺诈、胁迫的手段或者乘人之危，使对方在违背真实意思的情况下订立或者变更劳动合同的;

（二）用人单位免除自己的法定责任、排除劳动者权利的;

（三）违反法律、行政法规强制性规定的。

对劳动合同的无效或者部分无效有争议的，由劳动争议仲裁机构或者人民法院确认。

维护公共利益，见义勇为致伤属于工伤吗?

【案例】

杭某是某企业职工，有一天下班回家经过铁道口时，他看到有两个小孩正在铁道上玩耍，而这时候，前方恰好有一列火车驶过来。杭某急忙把小孩推出了铁道，但由于来不及躲开，杭某被列车撞成重伤。杭某的这种行为造成的伤害能否认定为工伤?

【法律解析】

应当视同工伤。本案中，杭某受伤的情况属于在维护国家利益、公共利益活动中受到的伤害，按法律规定，可视同工伤。

【法条链接】

《工伤保险条例》第十五条 职工有下列情形之一的，视同工伤:

（一）在工作时间和工作岗位，突发疾病死亡或者在 48 小时之内经抢救无效死亡的;

（二）在抢险救灾等维护国家利益、公共利益活动中受到伤害的;

（三）职工原在军队服役，因战、因公负伤致残，已取得革命伤残军人证，到用人单位后旧伤复发的。

职工有前款第（一）项、第（二）项情形的，按照本条例的有关规定享受工伤保险待遇;职工有前款第（三）项情形的，按照本条例的有关规定享受除一次性伤残补助金以外的工伤保险待遇。

没有劳动合同，就不能认定为工伤吗？

【案例】

乌某应聘到一家工厂当车工，在操作车床时不慎轧断了左手三根手指。乌某请求享受工伤待遇，但工厂以没有与乌某签订正式的劳动合同为由，认为乌某不享受工伤待遇。没有书面劳动合同，就不能被认定为工伤吗？

【法律解析】

没有书面合同，也可以认定为工伤。本案中，只要乌某能够证明与该工厂存在事实上的劳动关系，即使没有书面劳动合同，也能被认定为工伤。所谓事实劳动关系，是指用人单位招用劳动者后不按规定订立劳动合同，或者用人单位与劳动者以前签订过劳动合同，但是劳动合同到期后用人单位同意劳动者继续在本单位工作却没有与其及时续订劳动合同的情况。

【法条链接】

《工伤保险条例》第十八条　提出工伤认定申请应当提交下列材料：

（一）工伤认定申请表；

（二）与用人单位存在劳动关系（包括事实劳动关系）的证明材料；

（三）医疗诊断证明或者职业病诊断证明书（或者职业病诊断鉴定书）。

工伤认定申请表应当包括事故发生的时间、地点、原因以及职工伤害程度等基本情况。

工伤认定申请人提供材料不完整的，社会保险行政部门应当一次性书面告知工伤认定申请人需要补正的全部材料。申请人按照书面告知要求补正材料后，社会保险行政部门应当受理。

职工在上班途中骑摩托车不慎摔倒，能否认定为工伤？

【案例】

崔某在某酒店上班，由于单位离家比较远，每天都骑摩托车上下班。一天早上，崔某骑摩托车在一个拐弯路口不慎滑倒，导致左手骨折，幸好抢救及时，经住院治疗后得以康复。那么，崔某的伤可否申请认定为工伤呢？

【法律解析】

根据我国法律规定，职工在上下班途中，受到机动车事故伤害的，应当认定为工伤。但在本案中，崔某摔伤不在工作时间范围和工作场所内，可能是因为自己车速过快或拐弯过急，并非被其他车辆追尾或其他机动车造成的交通事故，责任在于崔某本人。因此，崔某的伤不能认定为工伤。

【法条链接】

《工伤保险条例》第十四条　职工有下列情形之一的，应当认定为工伤：

（一）在工作时间和工作场所内，因工作原因受到事故伤害的；

（二）工作时间前后在工作场所内，从事与工作有关的预备性或者收尾性工作受到事故伤害的；

（三）在工作时间和工作场所内，因履行工作职责受到暴力等意外伤害的；

（四）患职业病的；

（五）因工外出期间，由于工作原因受到伤害或者发生事故下落不明的；

（六）在上下班途中，受到非本人主要责任的交通事故或者城市轨道交通、客运轮渡、火车事故伤害的；

（七）法律、行政法规规定应当认定为工伤的其他情形。

临时工是否享有工伤保险待遇？

【案例】

糜某是失业人员，经朋友介绍在一家装饰公司做临时工。在工作中，糜某从高处掉下摔伤，花去治疗费 10000 余元。糜某要求公司给予工伤保险待遇，公司以糜某是临时工为由拒绝。请问，临时工是否享有工伤保险待遇？

【法律解析】

临时工也享有工伤保险待遇。我国法律规定，企业应当为其职工参加工伤保险，其中"职工"范围包括临时工劳务工或者短期派遣工。本案中糜某是装饰公司的临时工，他们之间形成了劳动合同关系，因此糜某应享有工伤保险待遇。

【法条链接】

《工伤保险条例》第二条 中华人民共和国境内的企业、事业单位、社会团体、民办非企业单位、基金会、律师事务所、会计师事务所等组织和有雇工的个体工商户（以下称用人单位）应当依照本条例规定参加工伤保险，为本单位全部职工或者雇工（以下称职工）缴纳工伤保险费。

中华人民共和国境内的企业、事业单位、社会团体、民办非企业单位、基金会、律师事务所、会计师事务所等组织的职工和个体工商户的雇工，均有依照本条例的规定享受工伤保险待遇的权利。

保姆享受工伤保险待遇吗？

【案例】

小邴是王某家的保姆。一天在擦玻璃时，小邴不慎从椅子上掉了下来，腿摔断了，共花去医疗费4000余元。小邴认为应该算是工伤，要求王某按工伤给予赔偿，但王某予以拒绝。请问，保姆在劳动期间受伤，能享受工伤保险待遇吗？

【法律解析】

不能享受工伤保险待遇。工伤保险只适用于《劳动法》范围内的劳动关系，小邴作为家庭保姆，与家政企业或相关机构不存在劳动关系，不属于享受工伤保险的主体。不是《劳动法》规定的劳动者，不属于该法适用的对象，因此只能依据《民法典》有关人身损害赔偿的相关规定主张赔偿医药费、误工费、护理费、住院伙食补助费、营养费等。如果小邴是被家政公司派遣到王某家工作的保姆，那么她是家政公司的雇员，可向家政公司申请工伤保险待遇。

【法条链接】

《劳动部关于〈劳动法〉若干条文的说明》第二条第五款 本法的适用范围排除了公务员和比照实行公务员制度的事业组织和社会的工作人员，以及农业劳动者、现役军人和家庭保姆等。

《人身损害赔偿解释》第十一条 雇员在从事雇佣活动中遭受人身损害，雇主应当承担赔偿责任。

属于《工伤保险条例》调整的劳动关系和工伤保险范围的，不适用本条规定。

人身损害赔偿

6岁男孩自己摔伤，责任由谁承担？

【案例】

班某在自家的后院挖了一个菜窖，挖好后未封口。这天，邻居汪某家6岁的儿子小刚找班某的儿子玩耍。嬉戏中，小刚不小心跌入菜窖，造成左臂骨折。汪某向班某追讨医疗费，但班某认为小刚的摔伤是自己不小心所致，拒绝赔偿。而汪某则认为菜窖未封口，又无安全措施，与儿子的摔伤有直接关系。那么，此案中的责任该由谁来承担呢？

【法律解析】

由双方当事人共同分担民事责任。本案中，班某是在自家封闭的后院墙内挖菜窖，其施工地点没有设置明显标志和采取安全措施的义务，考虑到小刚摔伤的事实，班某需承担部分责任。小刚是幼童，属于无民事行为能力人，无所谓法律上的过错问题，因其监护人未尽到监护的责任导致损害的发生。因此，小刚摔伤的责任应该由两家共同分担。

【法条链接】

《民法典》第一百五十七条　民事法律行为无效、被撤销或者确定不发生效力后，行为人因该行为取得的财产，应当予以返还；不能返还或者没有必要返还的，应当折价补偿。有过错的一方应当赔偿对方由此所受到的损失；各方都有过错的，应当各自承担相应的责任。法律另有规定的，依照其规定。

因顾客碰撞服务员烫伤人，餐馆无须负责吗？

【案例】

郭小姐在一家餐馆用餐时，被一盆热水洒了一身。原来，有几个顾客发生了争执，其中一名男子正好碰到了端着开水的服务员。那么，因顾客碰撞服务员而导致烫伤人，餐馆需要负责吗?

【法律解析】

餐馆无须负责，责任应由碰撞服务员的顾客担负。餐馆对前来消费的客人有保障其人身及财产安全的义务，但这种义务应限定于一定的合理范围内。本案中，餐馆的服务人员不是故意烫伤郭小姐，也不存在任何过失，而是因为他人的碰撞导致顾客被烫伤，而且顾客间发生争执这一事件不在餐馆可控的范围内，因此餐馆无须负责。

【法条链接】

《民法典》第一千一百七十五条 损害是因第三人造成的，第三人应当承担侵权责任。

撞上宾馆的玻璃门受伤，赔门还是赔人?

【案例】

一日，万某到一家宾馆办事。办完事后，万某向外走时，一头撞在玻璃门上，原来该门是用透明玻璃制做的。万某入院后缝了4针，后来要求宾馆赔偿医药费。该宾馆认为万某自己撞上门，拒绝赔偿，并要求万某赔偿宾馆价值600元的玻璃门。那么，究竟是万某赔偿宾馆的损失，还是宾馆赔偿万某的损失呢?

【法律解析】

该宾馆必须对万某承担赔偿责任，但可以适当减轻宾馆的赔偿责任。本案中，万某头部被撞破与宾馆门的设计不科学有直接关系，再加上宾馆没有尽到必要的提醒注意义务，宾馆应承担赔偿责任。同时，由于万某自身也存在一定过错，宾馆责任可以适当减轻。

【法条链接】

《民法典》第一千一百七十三条 被侵权人对同一损害的发生或者扩大有过错的，可以减轻侵权人的责任。

第一千一百九十八条 宾馆、商场、银行、车站、机场、体育场馆、娱乐场所等经营场所、公共场所的经营者、管理者或者群众性活动的组织者，未尽到安全保障义务，造成他人损害的，应当承担侵权责任。

因第三人的行为造成他人损害的，由第三人承担侵权责任；经营者、管理者或者组织者未尽到安全保障义务的，承担相应的补充责任。经营者、管理者或者组织者承担补充责任后，可以向第三人追偿。

事故导致胎死腹中，可否提出精神损害赔偿的请求？

【案例】

2020年9月某日，仇某与丈夫在人行道上散步，被一辆小轿车撞倒，7个多月的胎儿死于腹中。交警部门认定，肇事车主马某承担全部责任。在处理赔偿事宜时，马某只同意赔偿医药费、误工费等直接经济损失。那么，仇某夫妇在起诉时，可否提出精神损害赔偿的请求？

【法律解析】

仇某夫妇可以提出精神损害赔偿的请求。肇事车主马某违章驾车，给仇某的身体健康造成损害，并侵害了仇某夫妇所享有的生育权，使仇某夫妇在精神上遭受了极大的痛苦。因此，马某应当对自己的侵权行为承担全部责任，包括精神损害赔偿责任。

【法条链接】

《最高人民法院关于确定民事侵权精神损害赔偿责任若干问题的解释》第一条 因人身权益或者具有人身意义的特定物受到侵害，自然人或者其近亲属向人民法院提起诉讼请求精神损害赔偿的，人民法院应当依法予以受理。

《最高人民法院关于审理人身损害赔偿案件适用法律若干问题的解释》第二十三条 精神损害抚慰金适用《最高人民法院关于确定民事侵权精神损害赔偿责任若干问题的解释》予以确定。

诉讼篇

教你怎样打官司

民事诉讼

哪些法院对赡养案件有管辖权？

【案例】

李大妈有两个子女。两个子女都不愿意支付赡养费用，也不愿意把老人接到家里照顾。老人通过居委会跟两个子女就赡养费用和陪护费用协商过几次，但是两个子女都互相推诿。无奈之下，老人想去法院起诉两个子女，但是老人的两个子女分别居住在本市不同的辖区，老人不知该向哪个法院提起诉讼。

【法律解析】

一般来说，对公民提起的民事诉讼，应该由被告住所地人民法院管辖。同一诉讼有多个被告的，几个被告住所地或经常居住地的人民法院都有管辖权。但鉴于赡养案件的原告多为年老群众，行动不便，让其到被告住所地起诉有些困难。根据 2020 年 12 月 23 日最高人民法院审判委员会第 1823 次会议通过的《最高人民法院关于修改〈最高人民法院关于人民法院民事调解工作若干问题的规定〉等十九件民事诉讼类司法解释的决定》修正的最高人民法院关于适用《中华人民共和国民事诉讼法》的解释第九条的规定，追索赡养费、抚育费、扶养费案件的几个被告住所地不在同一辖区的，可以由原告住所地人民法院管辖，老人可以选择在自己住所地法院提起诉讼，也可以选择两个子女住所地的其中一个法院提起诉讼。

【法条链接】

《最高人民法院关于适用《中华人民共和国民事诉讼法》的解释》第九条　追索赡养费、抚育费、扶养费案件的几个被告住所地不在同一辖区的，可以由原告住所地人民法院管辖。

被告不是本地人，到哪个法院起诉？

【案例】

住在 A 市的张某到 B 市出差，遇到大学同学范某，范某向张某借钱 1 万元，后来张某回到 A 市。半年后，两人就还款问题产生纠纷，张某决定起诉范某。但是，两人不在同一个城市，张某不知道要向哪个法院提起诉讼？

【法律解析】

我国在民事诉讼管辖中，一般适用"原告就被告"原则，即被告在哪个法院辖区，原告就到哪个法院起诉，案件就归被告所在地管辖。此处所说的当事人的所在地，不仅指户口所在地，也包括经常居住地。本案中，张某应到范某所在地法院提起诉讼，这样做有利于查清案件事实，及时准确地作出裁判，也有利于双方当事人出庭应诉。

【法条链接】

《民事诉讼法》第二十一条　对公民提起的民事诉讼，由被告住所地人民法院管辖；被告住所地与经常居住地不一致的，由经常居住地人民法院管辖。

对法人或者其他组织提起的民事诉讼，由被告住所地人民法院管辖。

同一诉讼的几个被告住所地、经常居住地在两个以上人民法院辖区的，各该人民法院都有管辖权。

合同纠纷应该到哪个法院起诉？

【案例】

周某毕业后留在北京工作，单位为其办理了北京户口。有一年春节，周某返回江西老家，与一家化工厂签订了协议，约定周某今后两年担任该厂的经济顾问，该厂付给周某报酬，工作方式为随时通过电话联系提供服务。不久，周某回到北京，却不想履行合同义务了。该化工厂决定提起诉讼，应该向北京的法院提起诉讼，还是向本地的法院提起诉讼呢？

【法律解析】

该化工厂应该向北京的法院提起诉讼。对于因合同纠纷提起的诉讼，应该由被告住所地或合同履行地人民法院管辖。本案中，周某与化工厂的合同没有实际履行，因此不能由合同履行地人民法院管辖，应该由被告住所地人民法院管辖。我国法律规定公民的住所地是公民的户籍所在地，周某的户口已经迁到北京，故化工厂应该到北京的法院起诉。

【法条链接】

《民事诉讼法》第二十三条　因合同纠纷提起的诉讼，由被告住所地或者合同履行地人民法院管辖。

《民事诉讼法》第二十一条　对公民提起的民事诉讼，由被告住所地人民法院管辖；被告住所地与经常居住地不一致的，由经常居住地人民法院管辖。

对法人或者其他组织提起的民事诉讼，由被告住所地人民法院管辖。

同一诉讼的几个被告住所地、经常居住地在两个以上人民法院辖区的，各该人民法院都有管辖权。

《最高人民法院关于适用〈中华人民共和国民事诉讼法〉的解释》第十八条　合同约定履行地点的，以约定的履行地点为合同履行地。

合同对履行地点没有约定或者约定不明确，争议标的为给付货币的，接收货币一方所在地为合同履行地；交付不动产的，不动产所在地为合同履行地；其他标的，履行义务一方所在地为合同履行地。即时结清的合同，交易行为地为合同履行地。

合同没有实际履行，当事人双方住所地都不在合同约定的履行地的，由被告住所地人民法院管辖。

合同约定的选择管辖是否有效？

【案例】

某电脑销售公司主营笔记本销售。2020年7月，外地某公司向某电脑销售公司购买了10台笔记本电脑。合同中约定电脑送到以后7日内支付货款，并约定如果一方违约，对方可以在自己住所地或者合同签订地法院提起诉讼。但是，此外地公司没有按期限支付电脑货款，电脑销售公司能否根据合同约定在自己的住所地法院提起诉讼？

【法律解析】

合同的双方当事人可以在书面合同中协议选择被告住所地、合同履行地、合同签订地、原告住所地、标的物所在地人民法院管辖，但只能选择其中一个法院管辖。案例中，由于电脑销售公司与外地公司的合同约定不明确，因此选择管辖的协议无效。电脑销售公司只能向被告所在地或者合同履行地法院提起民事诉讼。

【法条链接】

《民事诉讼法》第三十四条　合同或者其他财产权益纠纷的当事人可以书面协议选择被告住所地、合同履行地、合同签订地、原告住所地、标的物所在地等与争议有实际联系的地点的人民法院管辖，但不得违反本法对级别管辖和专属管辖的规定。

第二十九条　民事诉讼法第三十四条规定的书面协议，包括书面合同中的协议管辖条款或者诉讼前以书面形式达成的选择管辖的协议。

第三十条　根据管辖协议，起诉时能够确定管辖法院的，从其约定；不能确定的，依照民事诉讼法的相关规定确定管辖。

管辖协议约定两个以上与争议有实际联系的地点的人民法院管辖，原告可以向其中一个人民法院起诉。

受诉法院移送管辖是否合理？

【案例】

2018年10月，于某的一个朋友周某向于某借了5万元，借条上约定的还款日期是2019年10月5日。还款日期到了，于某几经催要，周某都没有按时归还。于是于某到周某住所地法院提起民事诉讼，要求其归还借款。周某住所地法院受理案件以后，周某把户籍迁至本市的另外一个区，并向受诉法院提起管辖权异议。受诉法院便把案件移送给了周某现在户籍所在地的法院，那么受诉法院的做法合理吗？

【法律解析】

受诉法院的做法不合理。这属于民事诉讼中的管辖恒定原则，案件受理以后，被告的住所地变更并不影响受诉法院的管辖权。有管辖权的人民法院受理案件以后，不得以行政区域变更为由，将案件移送给变更后有管辖权的人民法院。

【法条链接】

《最高人民法院关于适用〈中华人民共和国民事诉讼法〉的解释》第三十七条　案件受理后，受诉人民法院的管辖权不受当事人住所地、经常居住地变更的影响。

在向法院提起诉讼后，还可以撤诉吗？

【案例】

李大爷的两个儿子在李大爷去世之后，由于遗产问题发生纠纷，大儿子将二儿子告上法庭。后来，在乡邻的劝解和调和下，两人决定不再对簿公堂，经协商达成协议。现在事情已经解决，李大爷的大儿子可以提出撤诉吗？

【法律解析】

李大爷的大儿子可以提出撤诉。民事诉讼主体在民事诉讼中享有自行和解权。民事诉讼和解，是指双方当事人在民事审判程序和民事执行程序中自行协商、达成协议、较为平和地解决纠纷的权利。本案中，李大爷的两个儿子在乡亲的调解下达成协议，很平和地解决了矛盾，当然可以撤诉。

【法条链接】

《民事诉讼法》第五十条　双方当事人可以自行和解。

第五十一条　原告可以放弃或者变更诉讼请求。被告可以承认或者反驳诉讼请求，有权提起反诉。

什么是有独立请求权的第三人？

【案例】

谭某去世以后，其子谭甲与谭乙就遗产分割问题发生纠纷，谭甲认为谭乙多占了财产，请求重新分割。诉讼过程中，其在外地的妹妹谭丙赶回家中，认为父亲的遗产应该有自己的一份。那么，谭丙可以参加她的两个哥哥之间的诉讼吗？如果能参加，应以什么身份参加呢？

【法律解析】

谭丙可以参加到诉讼中来，她的身份是有独立请求权的第三人。有独立请求权的第三人是指对原、被告争议的诉讼标的认为有独立的请求权，因而起诉参加到已经开始的诉讼中来的人。本案中，谭丙认为两个哥哥争财产而将她排除在外，侵害了她的继承权，因此而参加到诉讼中来，其诉讼地位是有独立请求权的第三人。

【法条链接】

《民事诉讼法》第五十六条　对当事人双方的诉讼标的，第三人认为有独立请求权的，有权提起诉讼。

对当事人双方的诉讼标的，第三人虽然没有独立请求权，但案件处理结果同他有法律上的利害关系的，可以申请参加诉讼，或者由人民法院通知他参加诉讼。人民法院判决承担民事责任的第三人，有当事人的诉讼权利义务。

儿童也能当原告吗？

【案例】

2019年5月25日，在某幼儿园读中班的5岁男孩巍巍吃完饭后，在床上嬉闹。幼儿园老师韩某觉得心烦，便冲到床前打了孩子，结果孩子磕到了床板上，满嘴是血，放声大哭。孩子的哭声引来了其他老师，老师们将孩子送到医院，经检查，孩子受伤比较严重，治疗期达半年之久。孩子的父亲赵某将韩某告上法庭。巍巍的父亲可以代替孩子维权吗？巍巍是原告吗？

【法律解析】

巍巍的父亲是巍巍的法定诉讼代理人，可以代替巍巍行使诉讼权利，但本案的原告应是巍巍。法定的诉讼代理人，是指依照法律规定代理无诉讼行为能力的当事人进行民事诉讼的人。无诉讼行为能力人由他的监护人作为法定代表人代为诉讼。本案中，巍巍是未成年人，其人身权受到侵害，但是没有参与诉讼的能力。巍巍的父亲赵某是法定的诉讼代理人，可以代巍巍提起诉讼，但他在诉讼中的地位是法定代理人，而非原告。

【法条链接】

《民事诉讼法》第五十七条　无诉讼行为能力人由他的监护人作为法定代理人代为诉讼。法定代理人之间互相推诿代理责任的，由人民法院指定其中一人代为诉讼。

《最高人民法院关于适用〈中华人民共和国民事诉讼法〉的解释》第八十三条　在诉讼中，无民事行为能力人、限制民事行为能力人的监护人是他的法定代理人。事先没有确定监护人的，可以由有监护资格的人协商确定；协商不成的，由人民法院在他们之中指定诉讼中的法定代理人。当事人没有民法典第二十七条、第二十八条规定的监护人的，可以指定民法典第三十二条规定的有关组织担任诉讼中的法定代理人。

"全权代理"都代为行使哪些权利？

【案例】

黄某是一位小学教师。一天，黄某骑着自行车回家，在十字路口被一辆闯红灯的汽车撞成重伤，被送到医院以后，经抢救脱离了生命危险。黄某要求肇事司机作出赔偿，遭到拒绝。于是黄某向法院提起侵权诉讼，但是重伤的黄某不能参与庭审，黄某便委托律师邹某全权代理此案。那么，"全权代理"究竟都代为行使哪些权利呢？

【法律解析】

当事人向人民法院提交的授权委托书，应在开庭审理前送交人民法院。

"全权代理"不是一种全面的授权，而是一种限制授权。本案中，黄某委托律师代理进行本案的诉讼，应该是希望代理律师可以不必事事请示黄某，而较为独立地处理此案。那么，黄某应该将授权的范围确定清楚，而不是笼统地授权，否则，代理律师反而得不到相应的授权。

【法条链接】

《民诉解释》第八十九条第一款 当事人向人民法院提交的授权委托书，应当在开庭审理前送交人民法院。授权委托书仅写"全权代理"而无具体授权的，诉讼代理人无权代为承认、放弃、变更诉讼请求，进行和解，提出反诉或者提起上诉。

在自家偷录的录音材料能否作为证据？

【案例】

张某和妻子何某由于感情不和决定离婚。结婚期间张某做生意赚了8万多元，当时由何某保管，现在张某要求分割，但是何某对保管的钱矢口否认。此事没有别人可以作证，但是离婚前几天张某和何某曾经谈到过此事，当时张某悄悄录了音。那么，如果张某起诉离婚，该录音能否作为证据？

【法律解析】

原《关于民事诉讼证据的若干规定》第六十八条规定，以侵害他人合法权益或者违反法律禁止性规定的方法取得的证据，不能作为认定案件事实的依据。《最高人民法院关于民事诉讼证据的若干规定》（法释〔2019〕19号）对这一规定进行了删除。新规定指出，当事人以视听资料作为证据的，应当提供存储该视听资料的原始载体。对于有其他证据佐证并以合法手段取得的、无疑点的视听资料或者与视听资料核对无误的复制件；对方当事人提出异议但没有足以反驳的相反证据的，人民法院应当确认其证明力。张某将谈话进行录音，并没有侵犯他人合法权益和隐私，其手段也不违反法律禁止性规定。如果何某没有证据足以反驳，法院完全可以将此录音作为认定确有共同存款的证据。

【法条链接】

《最高人民法院关于民事诉讼证据的若干规定》第十五条　当事人以视听资料作为证据的，应当提供存储该视听资料的原始载体。

什么是证据保全？

【案例】

一天，小马和小林到一家店里买饰品，由于售货员怀疑小马偷书而对其进行盘查，进而要求小马打开包接受检查。当时店里人很多，售货员此举令很多人围观，小马和小林两人觉得十分尴尬，感觉受到了极大的侮辱。事后，小马以侵害名誉权为由向法院提起诉讼。本案中，小林始终在场，是一个很关键的旁观证人，但是小林由于突发心脏病生命垂危，作为证人证言的证据即将灭失，小马该怎么办？

【法律解析】

小马应当向法院申请证据保全。证据保全，是指在证据可能灭失或者以后难以取得的情况下，人民法院根据诉讼参加人的请求或者依职权采取措施对证据加以固定和保护的行为。证据保全根据证据的不同采用不同形式，对于证人证言的保全，可用笔录或录音的方法。证据保全的材料，由人民法院存卷保管。本案中，小林作为很关键的旁观证人，其生命垂危，如果小林去世，小林的言词证据就会灭失，这对小马是不利的。因此，为了保有这份证据，小马应该立即向法院申请证据保全，将小林的证词证言记录下来，以便案件审理过程中可以起到证据的作用。

【法条链接】

《民事诉讼法》第八十一条第一款　在证据可能灭失或者以后难以取得的情况下，当事人可以在诉讼过程中向人民法院申请保全证据，人民法院也可以主动采取保全措施。

在民事诉讼中，哪一方当事人有责任提供证据？

【案例】

邓某和几个朋友到一家小餐馆吃饭，第二天大家均出现了上吐下泻的症状。邓某与餐馆负责人交涉，没有结果。邓某等人随即到医院诊治，并到卫生防疫部门作了检测。检测结果发现餐馆的厨师体内带菌，致使部分菜肴被污染，从而使食用过的人食物中毒。得到证据之后，邓某等人就向法院提起诉讼。那么，在民事诉讼中，提起诉讼一方需要承担举证责任吗？

【法律解析】

民事诉讼中，实施"谁主张，谁举证"的证明责任，由起诉方的当事人对其主张的事实提供证据并予以证明。如果诉讼终结时根据全案证据仍不能判明当事人主张的事实真伪，则由该当事人承担不利的诉讼后果。本案中，邓某等人以小餐馆侵犯了自己的健康权为由，向法院提起诉讼，所以应该由邓某等人承担举证责任。

【法条链接】

《民事诉讼法》第六十四条 当事人对自己提出的主张，有责任提供证据。

当事人及其诉讼代理人因客观原因不能自行收集的证据，或者人民法院认为审理案件需要的证据，人民法院应当调查收集。

人民法院应当按照法定程序，全面地、客观地审查核实证据。

离婚时，妻子可以查询丈夫的存款吗？

【案例】

马某与丈夫结婚多年，近几年常为家庭琐事争吵，感情已经破裂。马某想离婚，但是因为丈夫掌握家中收入，存款都以他的名字开户，马某想查清丈夫名下有多少存款。那么，马某能以妻子的身份到银行查询丈夫的存款吗？如果不能，马某该怎么办？

【法律解析】

根据《储蓄管理条例》第三十二条的规定，储蓄机构及其工作人员对储户的储蓄情况负有保密责任。储蓄机构不代任何单位和个人查询、冻结或者划拨储蓄存款，国家法律、行政法规另有规定的除外。因此，如果马某向银行要求查询丈夫名下的存款，银行可以拒绝。但是，如果马某向法院提起离婚诉讼，根据《民事诉讼法》的规定，当事人及其诉讼代理人因客观原因不能自行收集的证据，或者人民法院认为审理案件需要的证据，人民法院应当调查收集，所以马某可以申请法院对丈夫的存款进行调查。

【法条链接】

《储蓄管理条例》第三十二条　储蓄机构及其工作人员对储户的储蓄情况负有保密责任。

储蓄机构不代任何单位和个人查询、冻结或者划拨储蓄存款，国家法律、行政法规另有规定的除外。

《民事诉讼法》第六十四条　当事人对自己提出的主张，有责任提供证据。

当事人及其诉讼代理人因客观原因不能自行收集的证据，或者人民法院认为审理案件需要的证据，人民法院应当调查收集。

人民法院应当按照法定程序，全面地、客观地审查核实证据。

刑事诉讼

法官有权拒绝被害人向被告人发问吗？

【案例】

2019年4月10日，某县基层法院开庭审理，张某作为一起故意伤害案件的被害人到庭参加审理。庭审中，公诉人向被告人发问之后，张某要求向被告人发问，但是审判长说："你就不要问了。"张某的代理人也要求向被告人发问，审判长却说："公诉人代表你们的利益，已经问清楚了，你们就不用问了。"那么，法官有权拒绝被害人向被告人发问吗？

【法律解析】

向被告人发问，是被害人及其诉讼代理人的一项诉讼权利。根据《中华人民共和国刑事诉讼法》（以下简称《刑事诉讼法》）第一百九十一条的规定，公诉人在法庭上宣读起诉书后，被告人、被害人可以就起诉书指控的犯罪进行陈述，公诉人可以讯问被告人。被害人、附带民事诉讼的原告人和辩护人、诉讼代理人，经审判长许可，可以向被告人发问。审判人员可以讯问被告人。虽然《刑事诉讼法》规定向被告人发问的权利能否行使须经审判长许可，但是审判长在审判过程中应当秉公执法，切实维护诉讼参与人的诉讼权利，如果不允许被害人及其诉讼代理人向被告人发问，应当尽可能说明理由，不能一味武断拒绝。

【法条链接】

《刑事诉讼法》第一百九十一条　公诉人在法庭上宣读起诉书后，被告人、被害人可以就起诉书指控的犯罪进行陈述，公诉人可以讯问被告人。

被害人、附带民事诉讼的原告人和辩护人、诉讼代理人，经审判长许可，可以向被告人发问。

审判人员可以讯问被告人。

被告人一次最多可以委托多少位辩护人？

【案例】

章某是一家贸易公司的总经理。一天，章某发现自己的秘书潘某竟窃取公司的机密客户资料卖给对手公司，一怒之下，将潘某暴打一顿，致使潘某重伤。此案经法院受理以后，双方准备应诉。章某认为，律师应是多多益善，于是决定聘请律师组建一个律师团，为自己辩护。那么，一名被告人最多可以委托多少位辩护人呢？

【法律解析】

根据《最高人民法院关于适用〈中华人民共和国刑事诉讼法〉的解释》（以下简称《刑事诉讼法解释》）第三十八条的规定，一名被告人可以委托一至二人作为辩护人。本案中，章某寄希望于聘请更多的律师来为自己辩护，愿望是好的，但这是违反法律的。按照法律规定，章某最多只能委托两名辩护律师。

【法条链接】

《刑事诉讼法解释》第三十八条　一名被告人可以委托一至二人作为辩护人。

一名辩护人不得为两名以上的同案被告人，或者未同案处理但犯罪事实存在关联的被告人辩护。

没钱请律师，当事人只能自行辩护吗？

【案例】

犯罪嫌疑人房某因故意杀人罪被人民检察院依法提起公诉。案件移交到法院后，由于家境贫困，房某及家人没有聘请律师参与诉讼。而且房某家人认为，房某犯的是故意杀人罪，有可能会判死刑，救与不救没什么意义，也就不必请律师了。此时的房某只能自己为自己辩护了吗？

【法律解析】

犯罪嫌疑人、被告人通常对法律了解不多，需要借助专业人士的力量来维护自己的合法权益。根据《刑事诉讼法》《刑事诉讼法解释》的相关规定，被告人确无经济来源，其家属经多次劝说仍不愿为其承担辩护律师费用的，人民法院可以为其指定辩护人。被告人可以选择自行辩护，法院也应该为其指定辩护律师。

【法条链接】

《刑事诉讼法》第三十五条　犯罪嫌疑人、被告人因经济困难或者其他原因没有委托辩护人的，本人及其近亲属可以向法律援助机构提出申请。对符合法律援助条件的，法律援助机构应当指派律师为其提供辩护。

犯罪嫌疑人、被告人是盲、聋、哑人，或者是尚未完全丧失辨认或者控制自己行为能力的精神病人，没有委托辩护人的，人民法院、人民检察院和公安机关应当通知法律援助机构指派律师为其提供辩护。

犯罪嫌疑人、被告人可能被判处无期徒刑、死刑，没有委托辩护人的，人民法院、人民检察院和公安机关应当通知法律援助机构指派律师为其提供辩护。

《刑事诉讼法解释》第四十四条　被告人没有委托辩护人的，人民法院自受理案件之日起三日以内，应当告知其有权委托辩护人；被告人因经济困难或者其他原因没有委托辩护人的，应当告知其可以申请法律援助；被告人属于应当提供法律援助情形的，应当告知其将依法通知法律援助机构指派律师为其提供辩护。

被告人没有委托辩护人，法律援助机构也没有指派律师为其提供辩护的，人民法院应当告知被告人有权约见值班律师，并为被告人约见值班律师提供便利。

告知可以采取口头或者书面方式。

犯罪嫌疑人可以自行辩护吗？

【案例】

2020年11月，张某与郝某因借贷纠纷产生矛盾，张某一气之下，用椅子将郝某打伤。经医院检查，郝某第一腰椎横突骨折。此案经公安机关审查终结之后，人民检察院批准逮捕张某并向人民法院提起了公诉。张某与郝某家境都比较贫困，请不起律师，两人可以自行辩护吗？

【法律解析】

法律赋予公民平等的辩护权，刑事犯罪案件中的犯罪嫌疑人可以自行辩护。但在司法实践中，刑事案件的审理过程较为复杂，对诉讼程序不熟悉可能会导致当事人无法正常地参与刑事诉讼。辩护律师则熟悉法律并能够熟练地运用法律，当事人委托辩护律师，维权过程可能会较为顺利。

本案中，张某将郝某打伤，构成故意伤害罪，人民检察院依法提起公诉。实际上，作为公诉方的人民检察院代受害人郝某行使诉讼的权利，而完全不了解法律的张某显然处在一个不利位置上。无论案件的实际情况怎样，单就诉讼程序而言，似乎就难以公平平等。因此，张某应委托专业律师代理此案，尽可能地维护自己辩护的权利。

【法条链接】

《刑事诉讼法》第三十三条　犯罪嫌疑人、被告人除自己行使辩护权以外，还可以委托一至二人作为辩护人。下列的人可以被委托为辩护人：

（一）律师；

（二）人民团体或者犯罪嫌疑人、被告人所在单位推荐的人；

（三）犯罪嫌疑人、被告人的监护人、亲友。

正在被执行刑罚或者依法被剥夺、限制人身自由的人，不得担任辩护人。

被开除公职和被吊销律师、公证员执业证书的人，不得担任辩护人，但系犯罪嫌疑人、被告人的监护人、近亲属的除外。

律师可以不按被告人的意思辩护吗？

【案例】

2019年5月，赵某因涉嫌敲诈勒索罪被检察院提起公诉，赵某聘请了律师为自己辩护。律师经过会见、阅卷及调查后认为，赵某以非法占有为目的，采用威胁的方法，向他人索取数额较大的财物已构成敲诈勒索罪，开庭时只能作从轻辩护，不能作无罪辩护，希望赵某能主动认罪，这样法庭会在量刑时考虑从轻判决，但是赵某认为应该作无罪辩护。请问，律师可以不按赵某的意思辩护吗？

【法律解析】

根据《刑事诉讼法》第三十七条的规定，辩护人的责任是根据事实和法律，提出犯罪嫌疑人、被告人无罪、罪轻或者减轻、免除其刑事责任的材料和意见，维护犯罪嫌疑人、被告人的诉讼权利和其他合法权益。维护被告人的诉讼权利和其他合法权益，无论作无罪还是罪轻辩护，其前提均是要依据事实和法律，辩护人完全可以根据自己对事实和法律的理解，发表独立自主的意见，不受被告人意志的左右。案例中，如果被告人赵某坚持自己的观点，反对辩护人的意见，可以解除与辩护人的委托关系。

【法条链接】

《刑事诉讼法》第三十七条　辩护人的责任是根据事实和法律，提出犯罪嫌疑人、被告人无罪、罪轻或者减轻、免除其刑事责任的材料和意见，维护犯罪嫌疑人、被告人的诉讼权利和其他合法权益。

被告律师引诱证人改变证词怎么办？

【案例】

赖某与同事周某素来不合，后赖某将周某引至自家小区，将其杀死后抛尸，该过程恰巧被小区居民万某看到。不久，在万某协助下，公安局将此案侦破，赖某被依法逮捕。此案移交法院审理后，赖某聘请了律师李某代理诉讼。李某为了给赖某开脱罪责，找到万某，采用金钱利诱和武力威胁并施的方式，要求万某放弃作证，万某只好答应。李某的行为要承担责任吗？

【法律解析】

根据《刑事诉讼法》第四十四条的规定，辩护人或者其他任何人，不得帮助犯罪嫌疑人、被告人隐匿、毁灭、伪造证据或者串供，不得威胁、引诱证人作伪证以及进行其他干扰司法机关诉讼活动的行为。违反此规定的，应当依法追究法律责任……《中华人民共和国律师法》（以下简称《律师法》）第四十九条规定，律师如果有故意提供虚假证据或者威胁、利诱他人提供虚假证据，妨碍对方当事人合法取得证据的，不仅要吊销律师执业证书，并且构成犯罪的还要依法追究相应的刑事责任。

本案中，李某的行为已经构成了律师伪证罪，依照《刑法》第三百零六条第一款的规定，在刑事诉讼中，辩护人、诉讼代理人毁灭、伪造证据，帮助当事人毁灭、伪造证据，威胁、引诱证人违背事实改变证言或者作伪证的，处三年以下有期徒刑或者拘役；情节严重的，处三年以上七年以下有期徒刑。

【法条链接】

《刑事诉讼法》第四十四条　辩护人或者其他任何人，不得帮助犯罪嫌疑人、被告人隐匿、毁灭、伪造证据或者串供，不得威胁、引诱证人作伪证以及进行其他干扰司法机关诉讼活动的行为。

违反前款规定的，应当依法追究法律责任。辩护人涉嫌犯罪的，应当由办理辩护人所承办案件的侦查机关以外的侦查机关办理。辩护人是律师的，应当及时通知其所在的律师事务所或者所属的律师协会。

《律师法》第四十九条　律师有下列行为之一的，由设区的市级或者直辖市的区人民政府司法行政部门给予停止执业六个月以上一年以下的处罚，可以处五万元以下的罚款；有违法所得的，没收违法所得；情节严重的，由省、自治区、直辖市人民政府司法行政部门吊销其律师执业证书；构成犯罪的，依法追究刑事责任：

……

（四）故意提供虚假证据或者威胁、利诱他人提供虚假证据，妨碍对方当事人合法取得证据的；

......

律师因故意犯罪受到刑事处罚的，由省、自治区、直辖市人民政府司法行政部门吊销其律师执业证书。

《刑法》第三百零六条第一款　在刑事诉讼中，辩护人、诉讼代理人毁灭、伪造证据，帮助当事人毁灭、伪造证据，威胁、引诱证人违背事实改变证言或者作伪证的，处三年以下有期徒刑或者拘役；情节严重的，处三年以上七年以下有期徒刑。

刑讯逼供取得的证据合法吗？

【案例】

王某是某市公安局刑警。一次，该市公安局打掉一个盗窃团伙，抓获犯罪嫌疑人30余人。审讯时，这些人顽固抵抗，王某一怒之下，随手抓起门边的一根木棍，对着前排的人一顿暴打，这些人撑不住，便交代了全部罪行，后排的人见此情景也全都招供。那么，王某的行为是合法的吗？

【法律解析】

刑讯逼供取得的证据是不合法的。证据的合法性，就是指证据必须在内容上、形式上、收集和认定的人员与程序上具有合法性，必须是由司法人员和当事人依据法定程序收集和提供的，以保证证据是具有法律效力的。而刑讯逼供不属于法定的程序，经非法程序收集的证据没有法律效力，不能作为证据使用。

本案中，王某殴打犯罪嫌疑人而取得的证据是通过非法程序得到的，因此是无效的，没有法定的证明力。

【法条链接】

《刑事诉讼法》第五十二条　审判人员、检察人员、侦查人员必须依照法定程序，收集能够证实犯罪嫌疑人、被告人有罪或者无罪、犯罪情节轻重的各种证据。严禁刑讯逼供和以威胁、引诱、欺骗以及其他非法方法收集证据，不得强迫任何人证实自己有罪。必须保证一切与案件有关或者了解案情的公民，有客观地充分地提供证据的条件，除特殊情况外，可以吸收他们协助调查。

被告人可以中途更换辩护律师吗？

【案例】

　　翁某因故意伤害罪被人民检察院提起公诉，翁某聘请了律师张某作为自己的辩护律师。庭审开始后，翁某对张某的表现很不满意，认为如果让张某继续代理，会对自己非常不利，所以翁某希望更换自己的辩护律师。那么，被告人翁某可以中途更换律师吗？

【法律解析】

　　根据《刑事诉讼法》第四十五条的规定，在审判过程中，被告人可以拒绝辩护人继续为他辩护，也可以另行委托辩护人辩护。本案中，辩护律师张某在庭审中的表现不但不能帮助翁某，而且给翁某造成了困扰，如果当事人翁某认为辩护律师的表现无法维护其合法权益，可以要求换掉张某，重新聘请律师。

【法条链接】

　　《刑事诉讼法》第四十五条　在审判过程中，被告人可以拒绝辩护人继续为他辩护，也可以另行委托辩护人辩护。

犯人在什么条件下可以适用取保候审？

【案例】

　　姚某与高某由于借贷纠纷发生争执，姚某一怒之下将高某的胳膊打折，事后不久姚某意识到自己犯罪了，于是到公安机关自首。公安机关认为姚某认罪态度较好，决定对姚某适用取保候审的强制措施。什么是取保候审？什么人可以适用取保候审呢？

【法律解析】

　　取保候审，是指人民法院、人民检察院或公安机关责令某些犯罪嫌疑人、刑事被告人提出保证人或者交纳保证金，保证随传随到的一种强制措施，由公安机关执行。也就是说，只要提供保证，被告人的人身自由就只是被限制，而不是被剥夺。

　　根据《刑事诉讼法》第六十七条的规定，对于可能判处管制、拘役或者独立适用附加刑，抑或可能判处有期徒刑以上刑罚，采取取保候审不致发生社会危险性等的犯罪嫌疑人、被告人，人民法院、人民检察院和公安机关可以采取取保候审。本案中，犯罪嫌疑人姚某能够意识到自己行为的性质，主动自首，是真心悔过，即使不对其刑事拘留，也不会发生社会危害。因此，可以对姚某适用取保候审。

【法条链接】

《刑事诉讼法》第六十七条　人民法院、人民检察院和公安机关对有下列情形之一的犯罪嫌疑人、被告人，可以取保候审：

（一）可能判处管制、拘役或者独立适用附加刑的；

（二）可能判处有期徒刑以上刑罚，采取取保候审不致发生社会危险性的；

（三）患有严重疾病、生活不能自理，怀孕或者正在哺乳自己婴儿的妇女，采取取保候审不致发生社会危险性的；

（四）羁押期限届满，案件尚未办结，需要采取取保候审的。

取保候审由公安机关执行。

取保候审的保证人要满足什么条件？

【案例】

某女子姚某因过失将同事打伤，到公安机关自首，公安机关决定对其进行取保候审，责令其提出保证人或交纳保证金。姚某于是提出让自己的表兄肖某作为保证人，肖某也同意了。不久，公安机关了解到肖某曾在几年前因犯罪而被判决剥夺政治权利至今，因此，肖某不符合作为保证人的条件。那么，取保候审的保证人要满足什么条件？

【法律解析】

我国《刑事诉讼法》规定了两种取保候审的方式：一种是保证人保证的方式，另一种是保证金保证的方式。保证人必须满足四个条件：一是与本案无牵连；二是有能力履行保证义务；三是享有政治权利，人身自由未受到限制；四是有固定的住处和收入。本案中，肖某曾因犯罪而被判剥夺政治权利，至今刑期还没过，因此，肖某不符合作为保证人的条件。

【法条链接】

《刑事诉讼法》第六十九条　保证人必须符合下列条件：

（一）与本案无牵连；

（二）有能力履行保证义务；

（三）享有政治权利，人身自由未受到限制；

（四）有固定的住处和收入。

拒不认罪但证据确凿，可以定罪吗？

【案例】

郭某和常某盗窃了一家展览馆的钱财和一些艺术展品，馆内的摄像头清楚地拍到了两人换装的样子，证据确凿。面对公安机关的审讯，郭某和常某拒不承认自己的罪行。不久，公安机关宣布结案，将案件移交法院。在没有犯罪嫌疑人供述的情况下，法院可以认定郭某和常某有罪吗？

【法律解析】

根据《刑事诉讼法》第五十五条第一款的规定，对一切案件的判处都要重证据，重调查研究，不轻信口供。只有被告人供述，没有其他证据的，不能认定被告人有罪和处以刑罚；没有被告人供述，证据确实、充分的，可以认定被告人有罪和处以刑罚。本案中，郭某和常某拒不认罪，但是公安机关已经掌握了充分的证据足以证明两人犯罪事实成立，因此可以移交检察院审查起诉，法院可以就此认定郭某和常某的罪行。

【法条链接】

《刑事诉讼法》第五十五条第一款　对一切案件的判处都要重证据，重调查研究，不轻信口供。只有被告人供述，没有其他证据的，不能认定被告人有罪和处以刑罚；没有被告人供述，证据确实、充分的，可以认定被告人有罪和处以刑罚。

房产车产篇

安居乐业

购房签约

买房子支付了首付及部分按揭还能退掉吗？

【案例】

侯先生于 2017 年 5 月购得一处商品房，并在支付首付款后顺利办妥银行按揭贷款。此后，由于工作调动，侯先生需去别的城市工作。侯先生欲退掉已购买的房子，但是侯先生不知如何处理已交纳首付款和部分按揭的房子。他能否要求退掉房子呢？

【法律解析】

侯先生无法要求退掉房子，只能与开发商及银行协商解决。依法成立的合同，对当事人具有法律约束力。当事人应当诚实守信，按照约定履行自己的义务，不得擅自变更或解除。侯先生与开发商签订了房屋买卖合同，又与银行签订了按揭贷款合同，就应当按照约定履行自己的义务，否则将承担违约责任。

【法条链接】

《民法典》第一百一十九条　依法成立的合同，对当事人具有法律约束力。

《民法典》第五百条第三款　当事人在订立合同过程中有下列情形之一，造成对方损失的，应当承担赔偿责任：

……

（三）有其他违背诚信原则的行为。

第五百零九条　当事人应当按照约定全面履行自己的义务。

当事人应当遵循诚信原则，根据合同的性质、目的和交易习惯履行通知、协助、保密等义务。

第五百七十七条　当事人一方不履行合同义务或者履行合同义务不符合约定的，应当承担继续履行、采取补救措施或者赔偿损失等违约责任。

开发商可以随意提高售房价格吗？

【案例】

2018年9月，某开发公司与乔某签订了商品房预售合同。2019年，开发公司与乔某多次联系，提出因建材价格上涨太多，房屋的成本提高，要求修改合同条款，提高房屋售价，乔某未同意。随后，开发公司以"显失公平"为由要求解除与乔某的合同。开发商的要求合理吗？

【法律解析】

不合理。对于房地产开发公司而言，物价的涨落无疑是商业风险的一种，其选择了从事这一商业活动就应当考虑到此风险的存在，而其在商业利润的驱动下仍愿意承担，当然也要承担可能的风险损失。

【法条链接】

《全国民事审判工作座谈会纪要》第二条第三款第（四）项　关于房屋买卖价格问题。房屋买卖，除国家规定必须执行国家定价的之外，对于双方当事人根据房地产市场价格议定的价格，应当予以保护。一方因市场价格变动而不履行或要求解除房屋买卖合同的，不予支持。

未写进合同的赠送内容有法律效力吗？

【案例】

2020年3月，胡先生与某房地产公司签订的认购书约定，房地产公司赠送胡先生天台花园90平方米，双方同意此认购书在签订正式预售合同前有效。同年4月，房地产公司与胡先生签订了《房地产预售合同》，但合同中未约定赠送花园一事。胡先生要求房地产公司按认购书的约定赠送，被开发商拒绝。胡先生能否以认购书上的条款要求开发商赠送其天台花园呢？

【法律解析】

不能，但可以要求开发商给予一定的经济补偿。天台属整栋楼的全体所有人共有，而不应属于某个业主所有，开发商称将其赠送给某个业主，构成了对其他业主对天台使用权的侵害，其赠送行为是无效的。其无效的赠与行为，构成对胡先生的违约。

【法条链接】

《民法典》第二百七十一条　业主对建筑物内的住宅、经营性用房等专有部分享有所有权，对专有部分以外的共有部分享有共有和共同管理的权利。

《商品房销售管理办法》第十五条　房地产开发企业、房地产中介服务机构发布的商品房销售广告和宣传资料所明示的事项，当事人应当在商品房买卖合同中约定。

购房违约金应该怎样计算？

【案例】

2020年9月，陈某与某房地产开发公司签订了购房合同，约定总房款40万元，同年12月31日交房，出卖人逾期交房超过90日，买受人有权解除合同，并按买受人累计已付款的2%支付违约金。合同签订后，陈某即支付了首付款，并办理了按揭贷款手续。半年后，陈某才收到入住通知。于是，陈某要求解除《商品房买卖合同》，并要求房地产公司支付总房款2%的违约金。请问，陈某可以要求房地产公司支付购房违约金吗？如果可以要求房地产公司支付购房违约金，应该怎么计算？

【法律解析】

陈某可以要求房地产公司支付购房违约金，房地产公司应按总房款的2%支付违约金。在违约金的计算方式上，虽然该房款大部分为银行贷款，但开发商实际上已经得到合同约定的全部房款。

【法条链接】

《民法典》第五百八十五条　当事人可以约定一方违约时应当根据违约情况向对方支付一定数额的违约金，也可以约定因违约产生的损失赔偿额的计算方法。

约定的违约金低于造成的损失的，人民法院或者仲裁机构可以根据当事人的请求予以增加；约定的违约金过分高于造成的损失的，人民法院或者仲裁机构可以根据当事人的请求予以适当减少。

当事人就迟延履行约定违约金的，违约方支付违约金后，还应当履行债务。

一房多卖怎么办？

【案例】

2017年，盛先生在县城买了一个门市。这个门市比较大，由几十个人合买。盛先生只买了其中一间，但是卖房的人同时把一间房子卖给几个人。大家都只签了售房合同，没有办理房产证。现在卖房的人跑了，盛先生该怎么办？

【法律解析】

原《最高人民法院关于审理商品房买卖合同纠纷案件适用法律若干问题的解释》第八条规定，商品房买卖合同订立后，出卖人未告知买受人又将该房屋抵押给第三人；或因商品房买卖合同订立后，出卖人又将该房屋出卖给第三人，导致商品房买卖合同目的不能实现的，无法取得房屋的买受人可以请求解除合同、返还已付购房款及利息、赔偿损失，并可以请求出卖人承担不超过已付购房款一倍的赔偿责任。

2020年新修订的商品房买卖合同司法解释删除了这一规定，不再要求出卖人承担"1+1"赔偿责任。但本案中，盛某买房后没有得到房产证，且房屋只有一间，其他付款的人房款两失，而卖房的人已经跑了。因此，盛先生可要求开发商承担民事赔偿责任。如开发商携款潜逃，还可能涉嫌刑事诈骗，可向派出所报案，将其抓获后对盛先生的损失予以退赔。

【法条链接】

《民法典》第五百八十五条　当事人可以约定一方违约时应当根据违约情况向对方支付一定数额的违约金，也可以约定因违约产生的损失赔偿额的计算方法。

约定的违约金低于造成的损失的，人民法院或者仲裁机构可以根据当事人的请求予以增加；约定的违约金过分高于造成的损失的，人民法院或者仲裁机构可以根据当事人的请求予以适当减少。

开发商隐瞒实情，能否要求其双倍赔偿？

【案例】

李某于2020年年底购买某房地产公司一套预售商品房。2021年3月，李某向房产公司交付了房款，房产公司也按合同约定将房屋交付李某使用。

李某在办理房屋所有权证时得知购买的商品房并未取得商品房预售许可证，暂时无法办理房屋所有权证。李某要求房地产公司返还房款及利息，并承担双倍赔偿责任。那么，李某的主张能否得到法院支持？

【法律解析】

不能要求双倍赔偿。李某可以请求返还已付购房款及利息、赔偿损失，可以请求出卖人承担不超过已付购房款一倍的赔偿责任。因此，对于具体如何赔偿应根据出卖人的恶意程度、买受人的损失大小等具体案情来裁量，而不能一概以双倍赔偿论之。

【法条链接】

《民法典》第五百八十六条　当事人可以约定一方向对方给付定金作为债权的担保。定金合同自实际交付定金时成立。

定金的数额由当事人约定；但是，不得超过主合同标的额的百分之二十，超过部分不产生定金的效力。实际交付的定金数额多于或者少于约定数额的，视为变更约定的定金数额。

第五百八十七条　债务人履行债务的，定金应当抵作价款或者收回。给付定金的一方不履行债务或者履行债务不符合约定，致使不能实现合同目的的，无权请求返还定金；收受定金的一方不履行债务或者履行债务不符合约定，致使不能实现合同目的的，应当双倍返还定金。

当事人就迟延履行约定违约金的，违约方支付违约金后，还应当履行债务。

与开发商未达成购房协议，购房者能否要求返还支付的定金？

【案例】

2020年6月，姜某与某房地产公司签订了《X别墅交纳定金合同》，合同规定姜某交纳30万元定金。半年后，由于房价上涨，该公司要求姜某再加付30万元。经过多次磋商，房屋合同仍未能签成。姜某要求开发商返还定金，却遭到拒绝。那么，请问与开发商未达成购房协议，购房者可以要求返还支付的定金吗？

【法律解析】

可以要求返还定金。由于姜某认为房价太高无法接受，且并没有与房地产公司签订正式的房屋买卖合同，同时姜某已经履行了诚信磋商义务。原《最高人民法院关于审理商品房买卖合同纠纷案件适用法律若干问题的解释》第十五条根据《合同法》第九十四条的规定，出卖人迟延交付房屋或者买受人迟延支付购房款，经催告后在三个月的合理期限内仍未履行，当事人一方请求解除合同的，应予支持，但当事人另有约定的除外。

法律没有规定或者当事人没有约定，经对方当事人催告后，解除权行使的合理期限为三个月。对方当事人没有催告的，解除权应当在解除权发生之日起一年内行使；逾期不行使的，解除权消灭。

修订后的解释与民法典第五百六十四条第二款规定的解除权除斥期间保持一致，规定出卖人迟延交付房屋或者买受人迟延支付购房款，经催告后在三个月的合理期限内仍未履行，解除权人请求解除合同的，应予支持，但当事人另有约定的除外。

法律没有规定或者当事人没有约定，经对方当事人催告后，解除权行使的合理期限为三个月。对方当事人没有催告的，解除权人自知道或者应当知道解除事由之日起一年内行使。逾期不行使的，解除权消灭。

【法条链接】

《最高人民法院关于审理商品房买卖合同纠纷案件适用法律若干问题的解释》第十五条　根据民法典第五百六十三条的规定，出卖人迟延交付房屋或者买受人迟延支付购房款，经催告后在三个月的合理期限内仍未履行，解除权人请求解除合同的，应予支持，但当事人另有约定的除外。

法律没有规定或者当事人没有约定，经对方当事人催告后，解除权行使的合理期限为三个月。对方当事人没有催告的，解除权人自知道或者应当知道解除事由之日起一年内行使。逾期不行使的，解除权消灭。

双方未达成一致意见，认购房屋所交定金能否退还？

【案例】

2021年2月，蒋先生与某开发商签订了一份房屋认购书，并支付了定金3万元，约定7日内与开发商签署《商品房买卖合同》。买卖条件以双方所签合同书为准，如逾期未签订《商品房买卖合同》，定金不予退还。之后，双方就个别问题无法达成一致意见。蒋先生要求退还定金，但遭到拒绝。请问，蒋先生能够要求开发商退还定金吗？

【法律解析】

能够退还。导致合同未能签订的原因是双方未能就《商品房买卖合同》内容达成一致意见，这个后果不能归责于蒋先生一人，因双方都不存在过错，所以开发商应该退还蒋先生的定金。

【法条链接】

《最高人民法院关于审理商品房买卖合同纠纷案件适用法律若干问题的解释》第四条 出卖人通过认购、订购、预订等方式向买受人收受定金作为订立商品房买卖合同担保的，如果因当事人一方原因未能订立商品房买卖合同，应当按照法律关于定金的规定处理；因不可归责于当事人双方的事由，导致商品房买卖合同未能订立的，出卖人应当将定金返还买受人。

房屋贷款与抵押

贷款买房提前还贷，是守信还是违约？

【案例】

卫小姐于 2020 年 8 月贷款买了一套房子，由于每月还款额较高，她感到了还款的压力。后来，卫小姐将自己的一处店铺出售后欲办理提前还款。当她去银行办理相关手续时，银行人员说："贷款未满一年不能办理提前还款，否则将以违约追究其责任。"卫小姐很疑惑，提前还款怎么成了违约？

【法律解析】

这是一种单方违约行为。一般来说，当购房人与银行依法签订了抵押贷款合同后，自合同成立时即已生效，双方应按规定履行。作为银行，在为购房者提供房贷时付出了一定的人力成本，如果购房者在一年之内提出提前还贷的申请，无疑会打乱银行的正常计划。因此，如果卫小姐想要提前还款也是可以的，但根据大部分银行的规定，还款时间需满一年以上才可提前还款，如果卫小姐贷款不满一年提前还款，构成了违约，银行会要求购房人承担一定的违约责任，这是合法的。

【法条链接】

《民法典》五百七十七条　当事人一方不履行合同义务或者履行合同义务不符合约定的，应当承担继续履行、采取补救措施或者赔偿损失等违约责任。

第五百三十条　债权人可以拒绝债务人提前履行债务，但是提前履行不损害债权人利益的除外。

债务人提前履行债务给债权人增加的费用，由债务人负担。

房屋买卖合同解除，按揭贷款怎么办？

【案例】

周女士购买了一套房屋，合同签订后，她按照约定交了首付款，在指定的银行办理了按揭手续。之后她发现该楼盘有问题，于是与开发商交涉，最终开发商同意解除合同，返还首付款，并给她一定的补偿。房屋买卖合同解除，按揭贷款合同是否也随之解除？

【法律解析】

按揭贷款合同并不是房屋买卖合同的从合同，房屋买卖合同解除，贷款合同并不随之解除，只有购房者或者银行提出解约主张，才能解除。

【法条链接】

《最高人民法院关于审理商品房买卖合同纠纷案件适用法律若干问题的解释》第二十条　因商品房买卖合同被确认无效或者被撤销、解除，致使商品房担保贷款合同的目的无法实现，当事人请求解除商品房担保贷款合同的，应予支持。

夫妻双方其中一方不同意，能把房子抵押出去吗？

【案例】

吴小姐结婚5年了，婚后吴小姐和她的丈夫买了一套两居室的房子，产权证上写的是夫妻俩的名字。现吴小姐的丈夫因做生意需用钱，便想用房子作抵押向银行贷款，但吴小姐不同意。如果吴小姐坚持不同意，她的丈夫可以把房子单独抵押出去吗?

【法律解析】

不能，因为他们居住的房子是夫妻共同共有财产。根据相关法律规定，夫妻对共同财产，有平等的处理权。夫妻一方对夫妻存续期间的财产的处分，需征得配偶的同意。在共同共有关系存续期间，部分共有人擅自处分共有财产的，一般认定无效。吴小姐的丈夫若想将该房屋设定抵押，必须得到她的书面同意。如果吴小姐坚决不同意，则她的丈夫单独抵押房屋是无效行为。

【法条链接】

《民法典》第三百零一条 处分共有的不动产或者动产以及对共有的不动产或者动产作重大修缮、变更性质或者用途的，应当经占份额三分之二以上的按份共有人或者全体共同共有人同意，但是共有人之间另有约定的除外。

《民法典》第一千零六十二条第二款 夫妻对共同财产，有平等的处理权。

《最高人民法院关于适用〈中华人民共和国担保法〉解释》第五十四条第二款 共同共有人以其共有财产设定抵押，未经其他共有人的同意，抵押无效。

房屋产权与登记

已卖出的房子能再要回吗?

【案例】

2020 年 6 月，徐某与张某签订了一份房屋买卖合同，合同约定：徐某将自有的一套商品房卖给张某，徐某须在当年 12 月底前协助张某办理产权过户手续。张某付清了房款，徐某也交付了房屋。此后徐某反悔并表示愿意退还张某房款，张某未同意，在要求徐某按约办理过户手续遭拒后向法院起诉。请问对于已卖出的房子，徐某还能再要回来吗?

【法律解析】

徐某不能要回房子。徐某与张某之间的买卖合同体现了双方的真实意思，且房、款两清，徐某拒绝为张某办理产权变更手续的行为侵害了张某的合法权益，因此徐某应协助张某办理房屋过户手续。

【法条链接】

《城市房地产管理法》第六十一条第三款 房地产转让或者变更时，应当向县级以上地方人民政府房产管理部门申请房产变更登记，并凭变更后的房屋所有权证书向同级人民政府土地管理部门申请土地使用权变更登记，经同级人民政府土地管理部门核实，由同级人民政府更换或者更改土地使用权证书。

《民法典》第五百零二条 依法成立的合同，自成立时生效，但是法律另有规定或者当事人另有约定的除外。

依照法律、行政法规的规定，合同应当办理批准等手续的，依照其规定。未办理批准等手续影响合同生效的，不影响合同中履行报批等义务条款以及相关条款的效力。应当办理申请批准等手续的当事人未履行义务的，对方可以请求其承担违反该义务的责任。

依照法律、行政法规的规定，合同的变更、转让、解除等情形应当办理批准等手续的，适用前款规定。

已经登记的买卖合同是否可解除？

【案例】

2020年7月，孙先生将自己的一处商品房卖予马先生，并办理了房屋登记手续。后来，由于孙先生的儿子要结婚没有房子可住，孙先生欲将卖予马先生的房子要回，解除双方的买卖合同，并愿意退还马先生购房款。孙先生能否将已作登记的房子要回呢？

【法律解析】

只要孙先生与马先生能够协商一致，可以解除合同。我国实行房屋产权登记制度，孙先生的商品房买卖合同已经办理了房屋登记手续，双方之间合同履行完毕，房屋产权归属为马先生。如果当事人孙先生反悔要求解除合同，违背了合同诚信原则，一般法律不予支持。但是，只要双方当事人协商一致，马先生愿意将房屋重新卖给孙先生，仍须办理产权变更手续。双方需就房屋的产权出售商议、签订新的合同，并到房管机关再次办理房屋登记手续。

【法条链接】

《民法典》第七条　民事主体从事民事活动，应当遵循诚信原则，秉持诚实，恪守承诺。

第一百一十九条　依法成立的合同，对当事人具有法律约束力。

《城市私有房屋管理条例》第六条　城市私有房屋的所有人，须到房屋所在地房管机关办理所有权登记手续，经审查核实后，领取房屋所有权证；房屋所有权转移或房屋现状变更时，须到房屋所在地房管机关办理所有权转移或房屋现状变更登记手续。

开发商拖延办理，业主拿不到房产证该怎么办？

【案例】

2006年5月，赵小姐在某社区购买了一套房子，开发商承诺在交房之日起3个月内为其办理房产证，逾期未办理，将向其支付购房款1%的违约金。2006年12月赵小姐拿到了房子钥匙，可直到2008年1月赵小姐仍未拿到房产证。赵小姐多次与开发商协商此事，均未果，而开发商也未按照承诺向其支付违约金。那么，赵小姐该怎么办呢？

【法律解析】

赵小姐可以要求开发商退房返款，并赔偿其损失。我国法律规定，房地产开发企业应当协助商品房购买人办理土地使用权变更和房屋所有权登记手续。案例中，开发商在交房后的1年时间里都未给赵小姐办理房产证。我国法律规定，由于出卖人的原因，导致买受人无法办理房屋所有权登记，买受人请求解除合同和赔偿损失的，应予以支持。

【法条链接】

《最高人民法院关于审理商品房买卖合同纠纷案件适用法律若干问题的解释》第十四条　由于出卖人的原因，买受人在下列期限届满未能取得不动产权属证书的，除当事人有特殊约定外，出卖人应当承担违约责任：

（一）商品房买卖合同约定的办理不动产登记的期限；

（二）商品房买卖合同的标的物为尚未建成房屋的，自房屋交付使用之日起 90 日；

（三）商品房买卖合同的标的物为已竣工房屋的，自合同订立之日起 90 日。

合同没有约定违约金或者损失数额难以确定的，可以按照已付购房款总额，参照中国人民银行规定的金融机构计收逾期贷款利息的标准计算。

买了夫妻共有的房子过不了户，房产中介有责任吗？

【案例】

李某在某中介看中了一处房产，后与卖方段某及中介公司签订了三方合同。后来，李某了解到该房产是段某婚姻存续期间的夫妻共有财产，其离婚协议中未明确该房产归谁，无法办理过户手续。李某要求中介退还收取的服务费并向段某追回定金，而中介认为责任应由段某承担，与己无关。那么，李某该怎么办呢？

【法律解析】

李某应向段某依法主张自己的权利，要回所交购房定金。根据《民法典》总则编和婚姻家庭编的相关规定，离婚时，夫妻的共同财产由双方协议处理。本案中所交易的房屋是段某婚姻存续期间的夫妻共有财产，但双方在离婚协议中并没有明确约定该房屋归谁，所以该房屋的所有权存在瑕疵，此类房屋是不能进行交易的。

【法条链接】

《民法典》第一百五十七条　民事法律行为无效、被撤销或者确定不发生效力后，行为人因该行为取得的财产，应当予以返还；不能返还或者没有必要返还的，应当折价补偿。有过错的一方应当赔偿对方由此所受到的损失；各方都有过错的，应当各自承担相应的责任。法律另有规定的，依照其规定。

《民法典》第一千零八十七条第一款　离婚时，夫妻的共同财产由双方协议处理；协议不成的，由人民法院根据财产的具体情况，按照照顾子女、女方和无过错方权益的原则判决。

物业纠纷

物业管理公司可以随意提高物业管理费吗?

【案例】

林先生于 2016 年 9 月买了一套商品房。2017 年 3 月交房时,物业管理费为每年 2.96 元 / 平方米。2018 年,林先生收到物业管理公司书面通知,要求按每年 6.54 元 / 平方米交纳。对此,林先生不能接受,他该怎么办?

【法律解析】

物业公司的做法不对。该公司如要涨价,应与业主对该物业服务合同签订补充协议,并应经专有部分占建筑物总面积过半数的业主且占总人数过半数的业主同意。如果对该收费有异议,除双方协商外,也可向县级以上人民政府价格主管部门或同级房地产行政主管部门申诉。

【法条链接】

《物业管理条例》第四十条　物业服务收费应当遵循合理、公开以及费用与服务水平相适应的原则,区别不同物业的性质和特点,由业主和物业服务企业按照国务院价格主管部门会同国务院建设行政主管部门制定的物业服务收费办法,在物业服务合同中约定。

《最高人民法院关于审理物业服务纠纷案件适用法律若干问题的解释》第五条　物业服务人违反物业服务合同约定或者法律、法规、部门规章规定,擅自扩大收费范围、提高收费标准或者重复收费,业主以违规收费为由提出抗辩的,人民法院应予支持。

业主请求物业服务人退还其已经收取的违规费用的,人民法院应予支持。

家中被盗,物业公司是否要承担责任?

【案例】

2018 年 3 月 3 日,孔先生早上醒来发现家中被盗,小偷是从客厅窗户爬进房间的,手提电脑、手机、现金都被偷走了,大概价值 2 万元。之前小区也多次发生被盗事件，孔先生认为物业公司疏于管理，未尽职责，导致盗窃案件屡次发生，应承担赔偿责任。那么，物业公司有必要承担赔偿责任吗？

【法律解析】

是否承担赔偿责任由《物业管理服务合同》本身决定。业主在和物业公司签订合同时，应对委托管理的事项、标准、权限、违约责任等明确约定，一旦双方在合同履行过程中发生纠纷，就可以根据合同规定，依法追究其相应的法律责任。

【法条链接】

《物业管理条例》第三十五条　物业服务企业应当按照物业服务合同的约定，提供相应的服务。

物业服务企业未能履行物业服务合同的约定，导致业主人身、财产安全受到损害的，应当依法承担相应的法律责任。

业主向物业公司交纳停车费，轿车被盗后物业公司应否赔偿？

【案例】

2019年1月，贾某入住某小区，并按规定每季度向物业公司交纳停车费6000元。当年5月的一天，贾某的轿车被盗，于是向物业公司反映，并及时报案，但公安机关未查出犯罪嫌疑人。后来，贾某要求物业公司承担赔偿责任，物业公司以双方未签订保管合同为由拒绝。那么，物业收了停车费是否构成保管关系呢？

【法律解析】

物业公司理应适当予以赔偿。贾某与物业间并未签订法律意义上的保管合同，贾某交付的车位费实为停车费而非保管费，缺少保管合同成立的实质要件。贾某的车辆被盗并非物业直接侵权行为造成，但小区发生车辆被窃，说明物业在安全管理和门卫管理方面存在一定的瑕疵，因此，物业应承担相应的民事责任。物业公司作为小区的实施管理者，应当负责小区的安全工作，但其却在小区的安全管理上存在漏洞，导致贾某的车丢失，所以应承担一定的责任。

《民法典》第八百八十八条　保管合同是保管人保管寄存人交付的保管物，并返还该物的合同。

第八百九十七条　保管期内，因保管人保管不善造成保管物毁损、灭失的，保管人应当承担赔偿责任。但是，无偿保管人证明自己没有故意或者重大过失的，不承担赔偿责任。

《物业管理条例》第三十五条　物业服务企业应当按照物业服务合同的约定，提供相应的服务。

物业服务企业未能履行物业服务合同的约定，导致业主人身、财产安全受到损害的，应当依法承担相应的法律责任。

房屋拆迁

拆迁范围内的房屋能否出租?

【案例】

2018 年 7 月，陈某租了一间房，跟房主签订了为期半年的租赁合同，并一次性支付了 1000 元押金以及 3 个月的房租。不久之后陈某得知，搬过来之前已经有拆迁公告告知小区要拆迁。如果房屋被拆，陈某能否要回房租及搬家的损失?

【法律解析】

陈某可以要求要回房租及搬家的损失。房主明知房屋已在拆迁范围之内，还与陈某签订租赁合同，违反了行政法规的强制性规定，故租赁合同无效。

【法条链接】

《城市房屋拆迁管理条例》第十二条　拆迁范围确定后，拆迁范围内的单位和个人，不得进行下列活动:

（一）新建、扩建、改建房屋;

（二）改变房屋和土地用途;

（三）租赁房屋。

房屋拆迁管理部门应当就前款所列事项，书面通知有关部门暂停办理相关手续。暂停办理的书面通知应当载明暂停期限。暂停期限最长不得超过1年；拆迁人需要延长暂停期限的，必须经房屋拆迁管理部门批准，延长暂停期限不得超过1年。

在房屋在未过户的情况下，拆迁款应给谁？

【案例】

2018年12月，肖某把自己的房子卖给了刘某。刘某付清了房款，合同中约定购房后双方必须在2个月内办理过户手续，否则为违约。肖某把房产证、国有土地使用证等证件都给了刘某。2019年1月，市拆迁办与刘某签订了拆迁补偿协议，赔偿刘某180万元，房子已经被拆除。那么，在房屋未过户情况下，拆迁款应给谁？

【法律解析】

应该给肖某。虽然二人已经签订了房屋买卖合同，但由于没有办理房屋买卖过户手续，房屋的所有权还属于肖某。按照《城市房屋拆迁管理条例》的规定，拆迁人应当对被拆迁人给予补偿，而该条例所称被拆迁人是指房屋的所有人，所以尽管刘某实际上已经开始使用该房屋，但在办理房屋过户手续之前他并非所有权人。根据上述规定，他不是被拆迁人，因此拆迁补偿款也不应当给他。

【法条链接】

《城市房屋拆迁管理条例》第四条　拆迁人应当依照本条例的规定，对被拆迁人给予补偿、安置；被拆迁人应当在搬迁期限内完成搬迁。

本条例所称拆迁人，是指取得房屋拆迁许可证的单位。

本条例所称被拆迁人，是指被拆迁房屋的所有人。

家庭内部如何分配房屋拆迁补偿款？

【案例】

萧某的父亲将一套住房过户到萧某名下，已经有3年了。但房子一直由父亲和继母居住，现在萧某为了方便孩子上学想搬过来和父亲一起居住，但萧某父亲不肯，还说萧某和他争房子住。现在开发商要拆迁该房，这房子是归萧某还是归萧某父亲，补偿款该怎么分配？

【法律解析】

萧某有权住这个房子，至于拆迁补偿款在家庭内部如何分配，由萧某的家人自行协商。拆迁补偿款是给被拆迁人的，根据《城市房屋拆迁管理条例》的规定，被拆迁人是指被拆迁房屋的所有人，即萧某。

【法条链接】

《民法典》第二百一十四条　不动产物权的设立、变更、转让和消灭，依照法律规定应当登记的，自记载于不动产登记簿时发生效力。

继母有权分割房屋拆迁补偿款吗？

【案例】

冯某的父亲在1996年与冯某的继母结婚，冯某继母婚前有一子，但从来没有与冯某继母一起生活过。冯某老家的房子是2010年由冯某本人出资兴建的，现在将要拆迁，冯某的继母提出要补偿款的一半。该补偿款如何分配？冯某继母的儿子是否有权参与分配？

【法律解析】

冯某的继母可以请求分割，如何分割由家庭内部自行协商。冯某继母的儿子无权参与分配，他与冯某父亲并未形成抚养与被抚养的关系，不属于《民法典》规定的继父母子女关系，他不是冯某的家庭成员，也未对建造该房屋出资出力。

【法条链接】

《民法典》第三百零四条　共有人可以协商确定分割方式。达不成协议，共有的不动产或者动产可以分割且不会因分割减损价值的，应当对实物予以分割；难以分割或者因分割会减损价值的，应当对折价或者拍卖、变卖取得的价款予以分割。

共有人分割所得的不动产或者动产有瑕疵的，其他共有人应当分担损失。

《民法典》第一千零七十二条第二款　继父或者继母和受其抚养教育的继子女间的权利义务关系，适用本法关于父母子女关系的规定。

被拆迁人有权知道房屋拆迁评估报告吗？

【案例】

　　一家工厂承租某闲置土地，自建加工车间，购置了加工制造等设施，并对原房屋进行了大修。2018 年 9 月，当地建委发布公告称该工厂所在范围内规划拆迁。2019 年 3 月，评估公司进行评估，但一直没有告诉该厂评估结果。该厂多次找有关部门询问，但他们都说评估报告是保密的。该厂有权知道评估结果吗？

【法律解析】

　　该厂有权知道评估结果。房子属于该厂自建，该厂为被征收人。《国有土地上房屋征收评估办法》规定，房屋征收部门应当将分户的初步评估结果在征收范围内向被征收人公示。分户初步评估结果公示期满后，房地产价格评估机构应当向房屋征收部门提供委托评估范围内被征收房屋的整体评估报告和分户评估报告，房屋征收部门应当向被征收人转交分户评估报告。因此，评估报告需保密这种说法是错误的。

【法条链接】

　　《国有土地上房屋征收评估办法》第十六条　房地产价格评估机构应当按照房屋征收评估委托书或者委托合同的约定，向房屋征收部门提供分户的初步评估结果。分户的初步评估结果应当包括评估对象的构成及其基本情况和评估价值。房屋征收部门应当将分户的初步评估结果在征收范围内向被征收人公示。

　　公示期间，房地产价格评估机构应当安排注册房地产估价师对分户的初步评估结果进行现场说明解释。存在错误的，房地产价格评估机构应当修正。

　　第十七条第一款　分户初步评估结果公示期满后，房地产价格评估机构应当向房屋征收部门提供委托评估范围内被征收房屋的整体评估报告和分户评估报告。房屋征收部门应当向被征收人转交分户评估报告。

未经行政裁决，房子能否被强制拆迁？

【案例】

　　因旧城改造，罗某的房子被划定在拆迁范围内。拆迁人就拆迁补偿安置事项与罗某曾多次协商，但因罗某家人口较多，拆迁人给出的补偿安置条件不太理想，所以就一直没有签订拆迁补偿安置协议。拆迁人已经向房屋拆迁管理部门申请了行政裁决。在尚未做出行政裁决的情况下，房子能否被强制拆迁？

【法律解析】

不能。拆迁行政裁决是强制拆迁的前置程序，必须先有拆迁行政裁决，才能进行强制拆迁。强制拆迁是拆迁行政裁决没有得到执行情况下采取的措施，是执行裁决的一个重要措施。

【法条链接】

《城市房屋拆迁行政裁决工作规程》第十八条　房屋拆迁管理部门申请行政强制拆迁前，应当邀请有关管理部门、拆迁当事人代表以及具有社会公信力的代表等，对行政强制拆迁的依据、程序、补偿安置标准的测算依据等内容，进行听证。

房屋拆迁管理部门申请行政强制拆迁，必须经领导班子集体讨论决定后，方可向政府提出行政强制拆迁申请。未经行政裁决，不得实施行政强制拆迁。

网络安全篇

遵纪守法，提高防范意识

网络投资

欠债后为了周转资金吸收公众存款，依法该怎么判？

【案例】

　　沈某经营一家担保公司，因经营不善，公司严重亏损，欠下巨额债务。为了周转资金，沈某收购了一个 P2P 平台，成立了某投资管理公司。公司网络以平台为媒介，通过网络推广在互联网上发布了大量 P2P 吸收公共存款的广告，承诺 18% 的年利率。由于宣称的利息较高，吸纳了大量投资者。为了显示企业的实力，沈某还在市区租用了高档写字楼。2016 年 11 月，公司再次出现严重资不抵债的情况，被投资者举报，沈某涉嫌非法吸收公众存款罪被刑事拘留。

【法律解析】

　　非法吸收公众存款罪是指违反国家金融管理法规，非法吸收公众存款或变相吸收公众存款，扰乱金融秩序的行为。非法吸收公众存款行为包括两种情况：一种是没有吸收公众存款资质的个人或法人吸收公众存款，另一种是具有吸收公众存款资质的法人采用违法的方法吸收存款。非法吸收存款罪中的出资者往往是抱着"吃利息"的想法，贪图高额利息。行为人实施非法吸收或者变相吸收社会资金时，其所面对的对象是不特定的并且涉及人数范围较广，且因为高息回报的利诱，一般吸收到的资金数额比较庞大，在没有法律监督的情况下，资金处于非常不安全的境地，随时可发生资金断裂进而引发群体性事件，给社会造成负面影响。案例中，沈某以高额利息回报利诱出资者，吸收社会闲散资金，年利率达 18%，明显违反了法律规定。

【法条链接】

　　《刑法》第一百七十六条　非法吸收公众存款或者变相吸收公众存款，

扰乱金融秩序的，处三年以下有期徒刑或者拘役，并处或者单处罚金；数额巨大或者有其他严重情节的，处三年以上十年以下有期徒刑，并处罚金；数额特别巨大或者有其他特别严重情节的，处十年以上有期徒刑，并处罚金。

单位犯前款罪的，对单位判处罚金，并对其直接负责的主管人员和其他直接责任人员，依照前款的规定处罚。

有前两款行为，在提起公诉前积极退赃退赔，减少损害结果发生的，可以从轻或者减轻处罚。

好心的"理财导师"，原来骗你没商量

【案例】

浙江省新昌县有一位唐女士，在手机上浏览到一篇介绍投资理财的文章，感觉写得非常详细又有指导性，于是通过文中推送的二维码将对方加为好友。对方自称是某理财导师助理，在双方沟通过程中，很"热情"地传授了股票、理财等投资技巧，并推荐唐女士加入其免费讲解投资的微信群，还安装了一款理财软件。微信群中，有"导师"对唐女士这样的"小白"进行免费讲解，并推介一些好的股票，不少人在群中分享自己按导师的指导意见所获得的投资收益。之后，唐女士按照导师的指导，在安装的理财软件中试着投资2万元，很快有了可喜的收益。于是，唐女士又分8笔投入了共计76万元，显示已盈利200万元。正当唐女士准备提现时，却发现无论如何也提现不了，微信也被拉黑。唐女士意识到被骗，立即报警。

【法律解析】

案中的理财导师和微信群、理财App都是假的，骗子利用人们希望"钱能生钱"的心理，借助各种网络平台分享投资知识，并"热心"地推荐投资人入群，"免费"讲解投资知识，实际上此时投资人已经陷入了对方的圈套。对方早已设计好虚假平台数据，由团伙操作微信群，其中的群成员大多都是"托儿"。因此，面对网络投资平台和投资诱惑，一定要擦亮眼睛，发现被骗应立即报警，并把转账记录和交易信息提供给公安局立案，让警察帮助追回损失。

《最高人民最高人民检察院关于办理诈骗刑事案件具体应用法律若干问题的解释》第一条　诈骗公私财物价值三千元至一万元以上、三万元至十万元以上、五十万元以上的，应当分别认定为刑法第二百六十六条规定的"数额较大""数额巨大""数额特别巨大"。

《刑法》第二百六十六条　诈骗公私财物，数额较大的，处三年以下有期徒刑、拘役或者管制，并处或者单处罚金；数额巨大或者有其他严重情节的，处三年以上十年以下有期徒刑，并处罚金；数额特别巨大或者有其他特别严重情节的，处十年以上有期徒刑或者无期徒刑，并处罚金或者没收财产。本法另有规定的，依照规定。

警惕有人利用网络贷款平台行骗

【案例】

2017年11月，厦门某高校三名大学生黄某、施某、王某在微信朋友圈等社交平台发布了一条信息：只要在"蚂蚁花呗""借呗""任性付""分期乐"等贷款平台套现给我，可立即获得10%的月利息，次月到期还款前归还本金。消息发布后，先后有百余人在各类贷款平台套现后将款项转给三人，以获取所承诺的收益。施、王收款后，按黄某指示转至黄某账户，用于偿还到期借款并从中赚取手续费。黄某在吸收资金后，肆意挥霍，并通过借新还旧的方式还本付息。至案发时三人共集资诈骗400多万元。

【法律解析】

三人的行为已触犯《刑法》，涉嫌集资诈骗罪和非法吸收公众存款罪，黄某以非法占有为目的，使用诈骗的手段非法集资，数额巨大，属于集资诈骗罪。施、王的性质则属于违反国家金融管理法律法规，在未经批准的情况下，向社会公开宣传，承诺在一定期限内还本付息，非法向社会不特定对象吸收资金，数额巨大，其性质属于非法吸收公众存款罪。投资者应擦亮眼睛，远离各种非法集资，坚决拒绝不良网贷。大学生更应做到明辨是非，远离诱惑，树立正确的价值观，预防非法集资陷阱，对网络金融产品的合法性和资质全面了解，避免深陷其中。

《刑法》第一百七十六条 非法吸收公众存款或者变相吸收公众存款，扰乱金融秩序的，处三年以下有期徒刑或者拘役，并处或者单处罚金；数额巨大或者有其他严重情节的，处三年以上十年以下有期徒刑，并处罚金；数额特别巨大或者有其他特别严重情节的，处十年以上有期徒刑，并处罚金。

单位犯前款罪的，对单位判处罚金，并对其直接负责的主管人员和其他直接责任人员，依照前款的规定处罚。

有前两款行为，在提起公诉前积极退赃退赔，减少损害结果发生的，可以从轻或者减轻处罚。

第一百九十二条 以非法占有为目的，使用诈骗方法非法集资，数额较大的，处三年以上七年以下有期徒刑，并处罚金；数额巨大或者有其他严重情节的，处七年以上有期徒刑或者无期徒刑，并处罚金或者没收财产。

单位犯前款罪的，对单位判处罚金，并对其直接负责的主管人员和其他直接责任人员，依照前款的规定处罚。

想要贷款却被骗更多，网络贷款如何防骗？

【案例】

2020 年 6 月 14 日，家住某小区的曾女士接到一个陌生电话，对方称自己是贷款公司职员，声称贷款可百分百放款，十分钟审核，两小时到账。作为家庭主妇的曾女士一听，心动了，很想按最低限额两万元申请贷款，于是添加对方微信后，按照对方要求提供了相关的个人信息。对方告诉她通过审核后，让她把 2000 元利息先转账到一个账户后，贷款将立即转至曾女士账户。但钱到手后对方又告诉曾女士，因银行卡账号填错，无法放款，要修改银行卡账号，并再转账 8000 元作为保证金。至此，曾女士已被骗一万元。没想到，对方告诉她账户被冻结，需要本金和利息去解冻，还需要交纳 8580 元。曾女士本想把转出去的钱要回来，没想到被骗走更多的钱。18580 元转出后，曾女士才意识到被骗了，很后悔中了骗子圈套。

【法律解析】

网络贷款诈骗是当前电信网络诈骗中最具有欺骗性的一类，诈骗团伙主要利用一些人征信低、无法在银行等正规贷款机构办理无抵押贷款又急需用钱的心理，抛出低利息或无息贷款、资金快速到账等诱饵，并通过预先设计的诈骗"话术"，一步步引诱急需用钱的事主落入圈套。我们切勿轻信各类电话、短信、社交软件群等推销的网络贷款广告，银行和正规的贷款机构不会要求借款人在申请贷款前就提前支付"保证金""手续费""保险费""服务费"等各种费用。天下没有免费的午餐，凡是遇到要求转账、汇款、登记个人信息时，务必保持冷静，及时与家人、亲友商量，做到不轻信、不转账、不汇款，发现上当受骗后立即拨打110。确有贷款需求的，向正规贷款机构申办贷款是唯一正确的选择。

【法条链接】

《最高人民法院、最高人民检察院关于办理诈骗刑事案件具体应用法律若干问题的解释》第一条第一款　诈骗公私财物价值三千元至一万元以上、三万元至十万元以上、五十万元以上的，应当分别认定为刑法第二百六十六条规定的"数额较大""数额巨大""数额特别巨大"。

第二条　诈骗公私财物达到本解释第一条规定的数额标准，具有下列情形之一的，可以依照刑法第二百六十六条的规定酌情从严惩处：

（一）通过发送短信、拨打电话或者利用互联网、广播电视、报刊杂志等发布虚假信息，对不特定多数人实施诈骗的；

（二）诈骗救灾、抢险、防汛、优抚、扶贫、移民、救济、医疗款物的；

（三）以赈灾募捐名义实施诈骗的；

（四）诈骗残疾人、老年人或者丧失劳动能力人的财物的；

（五）造成被害人自杀、精神失常或者其他严重后果的。

诈骗数额接近本解释第一条规定的"数额巨大""数额特别巨大"的标准，并具有前款规定的情形之一或者属于诈骗集团首要分子的，应当分别认定为刑法第二百六十六条规定的"其他严重情节""其他特别严重情节"。

校园贷都是诈骗吗？

【案例】

2017年4月11日，厦门某学院一名大二女生因无力偿还"校园贷"，在泉州一宾馆内自杀据，该女生卷入的校园贷至少有 5 个，仅在"今借到"平台就累计借入 57 万多元，累计 257 笔。家人曾多次帮她还钱，其间收到过"催款裸照"。有网民表示，"在起初评估自己无力承担这么高昂的利息时就该'收手'了，即使是正规渠道贷款，如果信用一直处于透支状态，也会受到处罚"。

【法律解析】

校园贷有多种类型，根据校园贷的性质，可分为不良校园贷和正规校园贷。从校园贷的发展状况看，一些个人、机构浑水摸鱼，属于不良校园贷，有欺诈性、违法性等特征。不良校园贷在推销业务时，利用大学生涉世未深、缺少专业法律知识等弱点，不如实向大学生介绍借款的真实风险，不向大学生告知贷款利息、违约金和滞纳金等费用的具体计算公式和大概还款金额，往往打着"0 首付""0 利息""送礼品"等旗号进行诱导宣传，诱骗大学生深陷其中。不良校园贷对大学生的欺骗主要体现在两个方面：一是来自中介的欺骗，二是来自校园贷平台背后隐瞒的欺骗。违法校园贷达到一定数额是构成诈骗的，涉嫌贷款诈骗罪，数额较大的，处五年以下有期徒刑或者拘役，并处二万元以上二十万元以下罚金。

【法条链接】

《刑法》第一百九十三条　有下列情形之一，以非法占有为目的，诈骗银行或者其他金融机构的贷款，数额较大的，处五年以下有期徒刑或者拘役，并处二万元以上二十万元以下罚金；数额巨大或者有其他严重情节的，处五年以上十年以下有期徒刑，并处五万元以上五十万元以下罚金；数额特别巨大或者有其他特别严重情节的，处十年以上有期徒刑或者无期徒刑，并处五万元以上五十万元以下罚金或者没收财产：

（一）编造引进资金、项目等虚假理由的；

（二）使用虚假的经济合同的；

（三）使用虚假的证明文件的；

（四）使用虚假的产权证明作担保或者超出抵押物价值重复担保的；

（五）以其他方法诈骗贷款的。

《关于进一步加强校园贷规范管理工作的通知》第二条　各地金融办

（局）和银监局要在前期对网贷机构开展校园网贷业务整治的基础上，协同相关部门进一步加大整治力度，杜绝网贷机构发生高利放贷、暴力催收等严重危害大学生安全的行为。现阶段，一律暂停网贷机构开展在校大学生网贷业务，逐步消化存量业务。要督促网贷机构按照分类处置工作要求，对于存量校园网贷业务，根据违法违规情节轻重、业务规模等状况，制定整改计划，确定整改完成期限，明确退出时间表。要督促网贷机构按期完成业务整改，主动下线校园网贷相关业务产品，暂停发布新的校园网贷业务标的，有序清退校园网贷业务待还余额。对拒不整改或超期未完成整改的，要暂停其开展网贷业务，依法依规予以关闭或取缔，对涉嫌恶意欺诈、暴力催收、制作贩卖传播淫秽物品等严重违法违规行为的，移交公安、司法机关依法追究刑事责任。

网络消费

在直播间买到假货怎么办？

【案例】

2019 年 5 月，消费者王某通过某平台主播许某的直播间购买了一款品牌手机，收到货后发现系仿冒的手机，经过沟通无果。王某遂以网络购物合同纠纷为由将许某和直播平台诉至互联网法院。经查，许某在直播期间持续挂有"小黄车"，可视为利用主播身份为商家引流推广，具有经营者身份和对外销售获利的主观企图。王某长期观看许某的直播，对许某心存信赖。请问，网络直播卖假货，消费者该如何主张赔偿？

【法律解析】

直播带货是粉丝经济、网红经济的一种典型表现形式。一般情况下，主播不参与实际交易过程，不具有经营者身份，但如果主播除带货行为外，还参与商品或者服务提供、经营，成为商品或服务买卖合同相对方，就具有了经营者身份，需承担经营者责任。本案中，主播通过积累观众的信任等方式经营自己的流量，用带货的方式进行流量变现，既带有经营者身份，又通过长期经营的粉丝信任，引导其进行线下交易，其欺诈行为应适用消费者权益保护法中关于经营者的惩罚性赔偿规定。因此，本案中主播许某的行为构成了欺诈，应承担赔偿责任。直播平台如果尽到了相关事前提示和事后监督义务，在直播规范中明确公示禁止站外交易，不承担责任。消费者还应当注意保留相关购物记录，如主播在直播时的质量宣传信息、购买及支付凭证等，这些电子数据信息是发生交易纠纷时进行维权的重要依据。

【法条链接】

《消费者权益保护法》第四十四条　消费者通过网络交易平台购买商品或者接受服务，其合法权益受到损害的，可以向销售者或者服务者要求赔偿。网络交易平台提供者不能提供销售者或者服务者的真实名称、地址和有效联系方式的，消费者也可以向网络交易平台提供者要求赔偿；网络交易平台提供者作出更有利于消费者的承诺的，应当履行承诺。

第五十五条第一款　经营者提供商品或者服务有欺诈行为的，应当按照消费者的要求增加赔偿其受到的损失，增加赔偿的金额为消费者购买商品的价款或者接受服务的费用的三倍；增加赔偿的金额不足五百元的，为五百元。法律另有规定的，依照其规定。

第五十六条　经营者有下列情形之一，除承担相应的民事责任外，其他有关法律、法规对处罚机关和处罚方式有规定的，依照法律、法规的规定执行；法律、法规未作规定的，由工商行政管理部门或者其他有关行政部门责令改正，可以根据情节单处或者并处警告、没收违法所得、处以违法所得一倍以上十倍以下的罚款，没有违法所得的，处以五十万元以下的罚款；情节严重的，责令停业整顿、吊销营业执照：

（一）提供的商品或者服务不符合保障人身、财产安全要求的；

（二）在商品中掺杂、掺假，以假充真，以次充好，或者以不合格商品冒充合格商品的；

（三）生产国家明令淘汰的商品或者销售失效、变质的商品的；

（四）伪造商品的产地，伪造或者冒用他人的厂名、厂址，篡改生产日期，伪造或者冒用认证标志等质量标志的；

（五）销售的商品应当检验、检疫而未检验、检疫或者伪造检验、检疫结果的；

（六）对商品或者服务作虚假或者引人误解的宣传的；

（七）拒绝或者拖延有关行政部门责令对缺陷商品或者服务采取停止销售、警示、召回、无害化处理、销毁、停止生产或者服务等措施的；

（八）对消费者提出的修理、重作、更换、退货、补足商品数量、退还货款和服务费用或者赔偿损失的要求，故意拖延或者无理拒绝的；

（九）侵害消费者人格尊严、侵犯消费者人身自由或者侵害消费者个人信息依法得到保护的权利的；

（十）法律、法规规定的对损害消费者权益应当予以处罚的其他情形。

经营者有前款规定情形的，除依照法律、法规规定予以处罚外，处罚机关应当记入信用档案，向社会公布。

《民法典》第一百四十八条　一方以欺诈手段，使对方在违背真实意思的情况下实施的民事法律行为，受欺诈方有权请求人民法院或者仲裁机构予以撤销。

《产品质量法》第五十九条　在广告中对产品质量作虚假宣传，欺骗和误导消费者的，依照《中华人民共和国广告法》的规定追究法律责任。

轻信"加微信根治糖尿病"，损失金钱又耽误治病

【案例】

钱某有15年的糖尿病史，在与"糖友"交流中，被推荐加微信买了"能够治愈糖尿病的药"，儿子小钱发现父亲将之前用的胰岛素和药物都停了20多天，一直在用微信中"名医"寄来的药物和保健品。小钱发现，父亲自从吃了这些药后睡眠不好，不知道停药有什么危险。请问，微信上的这些名医可信吗？

【法律解析】

这些虚假广告，无孔不入，其特点就是高级时髦的词，傍上学术组织，欺骗病人掏钱买药。如果服用药物后贻误病情、损害器官功能乃至死亡，广告主还需承担刑事责任。

【法条链接】

《广告法》第二十八条　广告以虚假或者引人误解的内容欺骗、误导消

费者的，构成虚假广告。

广告有下列情形之一的，为虚假广告：

......

（三）使用虚构、伪造或者无法验证的科研成果、统计资料、调查结果、文摘、引用语等信息作证明材料的；

（四）虚构使用商品或者接受服务的效果的；

（五）以虚假或者引人误解的内容欺骗、误导消费者的其他情形。

第四十四条　利用互联网从事广告活动，适用本法的各项规定。

利用互联网发布、发送广告，不得影响用户正常使用网络。在互联网页面以弹出等形式发布的广告，应当显著标明关闭标志，确保一键关闭。

关系消费者生命健康的商品或者服务的虚假广告，造成消费者损害的，其广告经营者、广告发布者、广告代言人应当与广告主承担连带责任。

《互联网广告管理暂行办法》第六条　医疗、药品、特殊医学用途配方食品、医疗器械、农药、兽药、保健食品广告等法律、行政法规规定须经广告审查机关进行审查的特殊商品或者服务的广告，未经审查，不得发布。

《消费者权益保护法》第五十五条　经营者提供商品或者服务有欺诈行为的，应当按照消费者的要求增加赔偿其受到的损失，增加赔偿的金额为消费者购买商品的价款或者接受服务的费用的三倍；增加赔偿的金额不足五百元的，为五百元。法律另有规定的，依照其规定。

经营者明知商品或者服务存在缺陷，仍然向消费者提供，造成消费者或者其他受害人死亡或者健康严重损害的，受害人有权要求经营者依照本法第四十九条、第五十一条等法律规定赔偿损失，并有权要求所受损失二倍以下的惩罚性赔偿。

网络购物贪便宜吃大亏，找不到卖家后如何挽回损失？

【案例】

刘某在某网站上看到一部高配置手机，新机标价780元，而该机市场价为3800元。刘某通过网站上的客服与对方取得联系，想了解一下该手机"低价"的原因，卖家客服告诉他，"该产品为海关没收的走私产品，所以价格比'水货'(走私货)还低"。卖家的解释合情合理，让刘某放松了警惕，因为刘某想要为公司员工每人购买一部手机作为年终奖励，最后以750元一部的价格共计购买了18部。对方要求刘某先将全部货款汇到其指定的账号上，到账后将在72小时内快递发货。刘先生汇出货款后，卖家很快回电话告知款已收到，将尽快寄出货物。但是刘某等待多日后也不见手机送货上门，打电话过去询问，卖家的电话号码已经变为空号，网站上的链接也被下线。

【法律解析】

刘某可通过报警追回损失。根据消费者权益保护法和网络交易管理相关办法的规定，网络交易提供的虚假产品或服务使消费者合法权益受到损害，可向销售者要求赔偿。案例中，骗子主要采用的手段就是虚标价格和介绍产品为海关罚没品，通过这些手段让买家打消了疑虑。不法分子在网上开设网店，商品主要来自于走私等非正常渠道，大部分为假冒伪劣产品，购物者信以为真的话，就会被骗。因此买家在购买商品前首先要了解卖家的信用值，并确定产品是否为正品，弄清经营网站的合法性。刘某受低价诱惑，失去警惕性。若发现购物网站的商品价格与市场售价差距过于悬殊或者不合理时，要小心求证，切勿贸然购买。因此，在选择购物平台时，要选择国家登记认证的购物网站，支付时尽量选择第三方支付平台而非个人转账，并保留购物记录，必要时截图保存证据。

【法条链接】

《网络交易管理办法》第十四条　网络商品经营者、有关服务经营者提供的商品或者服务信息应当真实准确，不得作虚假宣传和虚假表示。

《消费者权益保护法》第四十四条　消费者通过网络交易平台购买商品或者接受服务，其合法权益受到损害的，可以向销售者或者服务者要求赔偿。网络交易平台提供者不能提供销售者或者服务者的真实名称、地址和有效联系方式的，消费者也可以向网络交易平台提供者要求赔偿；网络交易平台提供者作出更有利于消费者的承诺的，应当履行承诺。网络交易平台提供者赔偿后，有权向销售者或者服务者追偿。

第五十三条　经营者以预收款方式提供商品或者服务的，应当按照约定提供。未按照约定提供的，应当按照消费者的要求履行约定或者退回预付款；并应当承担预付款的利息、消费者必须支付的合理费用。

购买网上销售的违禁品犯法吗？

【案例】

2015 年 7 月 7 日，民勤县公安局网安大队接到上级通报称，网民"龙飞"涉嫌在网上从事枪支买卖活动，要求查处。收到通报后，网安大队立即联合刑警大队展开工作，经网上认真梳理，网下仔细摸排，成功锁定了作案嫌疑人盖某。经传唤讯问，盖某对其利用朋友的支付宝，以网名"龙飞"在网上购买枪支、弓弩，打算用于把玩和打猎的违法事实供认不讳。因缺少关键零部件，盖某最终未能组装成功。

【法律解析】

随着互联网交易和电子商务的发展，一些不法分子通过销售所谓的窃听器、枪支、车辆等方式骗取用户支付费用。这类犯罪最根本的特点，就是被骗的网民本身做的事就是违法的，所以被骗以后很少报警。公民在互联网上销售和买卖违法违禁品，根据情节严重程度，将受到《刑法》《治安管理处罚条例》等相关法律法规的处罚。用户通过个人账号、群、朋友圈等产品功能发布违法违禁品售卖信息属违规行为；帮助朋友在朋友圈、群转发宣传推销违法违禁品的行为，一旦出现问题，售卖方、转发者均需要承担违法责任。

【法条链接】

《关于进一步加强违禁品网上非法交易活动整治工作的通知》第一款　违禁品网上非法交易活动严重干扰市场经济秩序，危害国家和社会安全，侵害人民群众合法权益，整治违禁品网上非法交易活动，既是保障互联网健康发展的必然要求，也是维护国家安全、社会和谐稳定的重要举措。各部门要从构建社会主义和谐社会的高度，充分认识加强违禁品网上非法交易活动整治工作的重要性，切实增强政治责任感和工作紧迫感，采取有力措施。进一步加强对网上销售违禁品相关信息的监管和对网上销售违禁品违法犯罪活动的打击，有效维护良好的互联网管理秩序，促进社会和谐稳定。

《刑法》第二百八十七条第一款　利用信息网络实施下列行为之一，情节严重的，处三年以下有期徒刑或者拘役，并处或者单处罚金：

（一）设立用于实施诈骗、传授犯罪方法、制作或者销售违禁物品、管制物品等违法犯罪活动的网站、通讯群组的；

（二）发布有关制作或者销售毒品、枪支、淫秽物品等违禁物品、管制物品或者其他违法犯罪信息的；

（三）为实施诈骗等违法犯罪活动发布信息的。

单位犯前款罪的，对单位判处罚金，并对其直接负责的主管人员和其他直接责任人员，依照第一款的规定处罚。

有前两款行为，同时构成其他犯罪的，依照处罚较重的规定定罪处罚。

网购物品质量问题引起人身财产损害，如何维权？

【案例】

李先生在某电商网站上购买了一台烤箱，收到烤箱后，李先生用烤箱加热了一次菜肴，烤箱运转正常。但第二天再次使用时，烤箱突然发生爆炸，正在烤箱前的李先生被爆炸的烤箱猛烈撞击头部和胸部、手部等部位，受了重伤，后经医院抢救，花去医药费近3万元。事发后，李先生的家人联系电商网站，网站却建议找厂家解决。但李先生家人认为，该电商网站同样负有责任。请问，该网站应承担赔偿责任吗？

【法律解析】

网站应承担相关的赔偿责任。根据《民法典》第一千二百零三条和《产品质量法》第四十三条的相关规定可知，因产品存在缺陷造成人身、他人财产损害的，受害人可以向产品的生产者要求赔偿，也可以向产品的销售者要求赔偿。生产者和销售者之间不能将责任互相推诿，至于谁最后承担责任是销售者和生产者的事情，与消费者无关。因此，消费者在网络购物中因产品存在缺陷受到侵害，网络交易平台提供者不能提供销售者或者服务者的真实名称、地址和有效联系方式的，消费者也可以向网络交易平台提供者要求赔偿。本案中，李先生购买的烤箱在使用过程中发生爆炸，导致李先生重伤，对于由此产生的医药费，李先生可以向销售烤箱的电商网站索赔，也可向烤箱的生产厂家索赔。该电商网站以质量问题为由，推卸责任的说法是不正确的。网站如果能证明烤箱爆炸是因产品质量不合格所致，则网站在向李先生承担了赔偿责任之后，可以向厂家追偿。

【法条链接】

《消费者权益保护法》第十一条　消费者因购买、使用商品或者接受服务受到人身、财产损害的，享有依法获得赔偿的权利。

《民法典》第一千二百零三条　因产品存在缺陷造成他人损害的，被侵权人可以向产品的生产者请求赔偿，也可以向产品的销售者请求赔偿。

产品缺陷由生产者造成的，销售者赔偿后，有权向生产者追偿。因销售者的过错使产品存在缺陷的，生产者赔偿后，有权向销售者追偿。

《产品质量法》第四十三条　因产品存在缺陷造成人身、他人财产损害的，受害人可以向产品的生产者要求赔偿，也可以向产品的销售者要求赔偿。属于产品的生产者的责任，产品的销售者赔偿的，产品的销售者有权向产品的生产者追偿。属于产品的销售者的责任，产品的生产者赔偿的，产品的生产者有权向产品的销售者追偿。

网络服务

大学生从事网络刷单却换来牢狱之灾，值得吗？

【案例】

2018年下半年开始，韶关的李某、何某看中了各地大学贫困生寻觅兼职、减轻家庭经济压力的机会，利用自己的网络特长，在某旅游网站上制作了"新加坡环球影城"等旅游景点的门票二维码发给雷某。之后，雷某再通过微信等发给下家，以获取佣金的方式进行网络刷单。受害人被骗后，李某、何某再将门票低价卖出，获利后与"下家"分赃。在被警方抓获前，三人对相关的各种软件和工具进行了专业处理，到案后拒不如实供述，最后检察官补充证据后对三人提起了公诉。

【法律解析】

近几年，网络兼职刷单诈骗案件高发，网络刷单诈骗的手段也在不断"推陈出新"。网络刷单是网络商家为了吸引更多的消费者，赚取利润，提高商家的综合评价，与刷客虚构交易，造成虚假好评、虚假销量的假象。刷单本身就是违法行为，受害人在点击或扫描陌生人发来的网页链接和二维码后，容易泄露个人信息。基于网络购物的发展而衍生的网络刷单，以网络交易平台为媒介，这种行为不仅仅成为一些商家牟利的工具，也成为部分人专职从事刷单盈利的手段。国家法律法规、电商平台均明令禁止这种虚假交易。这类案件的特点主要有：诈骗分子先给应聘者下发小额的刷单任务，返还本金和佣金，赢得信任后，逐渐加大刷单任务的数量和金额，待受骗人本金达到一定金额后，骗子就无影无踪了。诈骗者利用刷单参与人贪图小便宜的心理，在得到一些实惠，轻信对方并支付大额资金后，诈骗者就不再返还本全和佣金。

【法条链接】

《中华人民共和国刑法》第二百六十六条　诈骗公私财物，数额较大的，处三年以下有期徒刑、拘役或者管制，并处或者单处罚金；数额巨大或者有其他严重情节的，处三年以上十年以下有期徒刑，并处罚金；数额特别巨大或者有其他特别严重情节的，处十年以上有期徒刑或者无期徒刑，并处罚金或者没收财产。本法另有规定的，依照规定。

《关于办理诈骗刑事案件具体应用法律若干问题的解释》第一条　诈骗公私财物价值三千元至一万元以上、三万元至十万元以上、五十万元以上的，应当分别认定为刑法第二百六十六条规定的"数额较大""数额巨大""数额特别巨大"。

如何识别信用卡陷阱？

【案例】

梅城的徐女士途径梅正路时，看见路边张贴的一则信用卡办理广告，刚好自己需要一笔钱急用，就按广告上的电话拨打了过去。接电话的人自称是某信贷担保公司的李经理，专门负责办理信用卡，可申办高额度信用卡，办卡审批速度快，无需提交繁杂的证明材料，只需要一张身份证复印件即可，手续费为信用卡额度的 5%，并先交纳 3000 元预定费用。5 天后，李经理回复徐女士，正常流程申办信用卡需要 30 日，加急办理可在 3 日内领卡，但须加 2000 元手续费，徐女士只好又转账了 2000 元。之后，李经理以代办费、流水费等名目要求汇款 4000 元，但徐女士汇款后一直未收到信用卡，拨打电话对方已关机。察觉被骗后，徐女士立即报案。

【法律解析】

信用卡诈骗案件一度十分猖獗，各种代办信用卡、上门代办高额信用卡的骗局让人防不胜防。信用卡骗局主要有以下几类，如"只需身份证，三天下卡"，这些针对的对象多为未成年人，或者自身经济条件和信用记录未能通过审核的人，承诺百分百下卡；有的声称"正常时办理信用卡额度有限，想要办理高额信用卡，先交纳升级费用，给你提升信用额度"，作为办理高额度信用卡的条件，要求受害人预先转账支付保证金、手续费等名目的款项，一旦申请人汇款，就等于进了圈套；有的则以保证金、开卡费等为由，数额往往不多，用户往往不经考虑就打款了，其他名目还有"卡片工本费""邮寄费"等，对方骗到资金后就无法联系了；有的属于骗取资料型，他们多数上门代办信用卡，目的是收集身份证以及工作证明等个人信息，用受害人的信息申请银行信用卡，等收到卡后把卡的额度刷光，然后就失联了；黑中介通过搜集大量的个人资料进行伪造之后，交给银行申请信用卡，申请成功后，通过信用卡进行犯罪活动，最后将申请人的个人资料出售给其他人等。一定要选择正规的银行以及代办机构办理信用卡，切勿轻信代办信用卡的小广告，以免上当受骗。

【法条链接】

《刑法》第二百六十六条　诈骗罪是指以非法占有为目的，用虚构事实或者隐瞒真相的方法，骗取数额较大的公私财物的行为。

《关于办理利用信用卡诈骗犯罪案件具体适用法律若干问题的解释》第一条　对以伪造、冒用身份证和营业执照等手段在银行办理信用卡或者以伪造、涂改、冒用信用卡等手段骗取财物，数额较大的，以诈骗罪追究刑事责任。

《商业银行信用卡业务监督管理办法》第四十三条　对首次申请本行信

用卡的客户，不得采取全程系统自动发卡方式核发信用卡。

信用卡申请人有以下情况时，应当从严审核，加强风险防控：

（一）在身份信息系统中留有相关可疑信息或违法犯罪记录；

（二）在征信系统中无信贷记录；

（三）在征信系统中有不良记录；

（四）在征信系统中有多家银行贷款或信用卡授信记录；

（五）单位代办商务差旅卡和商务采购卡；

（六）其他渠道获得的风险信息。

第四十四条　发卡银行不得向未满十八周岁的客户核发信用卡（附属卡除外）。

第四十八条　发卡银行发放信用卡应当符合安全管理要求，卡片和密码应当分别送达并提示持卡人接收。信用卡卡片发放时，应当向持卡人书面告知信用卡账单日期、信用卡章程、安全用卡须知、客户服务电话、服务和收费信息查询渠道等信息，以便持卡人安全使用信用卡。

微信小程序竟暗藏骗局，金额太小不能立案怎么办？

【案例】

当涂县公安局石桥派出所民警接到张某的报警称：其被一个语音红包小程序骗走50块钱。张某反映：一周前，群聊里出现个大红包，"这个红包挺大的，快去抢"。张某随即打开一看，原来是最近比较火的语音红包，显示该红包共有15000个，已经有4000多人成功领取，并且每人都能领到10元左右。张某说出口令之后，顺利领到了12.86元，并且欣喜地将这个小程序转到了其他群，以"造福"群友。张某领到红包之后，发现钱是被暂时保存在程序的余额内，程序要求余额满50元才能提现，只有提现出来才是"真的钱"，张先生随即按要求充值50元钱进去。充值结束第二天，这个小程序就不能用了，显示系统更新维护中，接下来一个多星期都是无法打开，张某才明白过来，自己被骗了。

【法律解析】

微信小程序不需要下载安装就可直接使用，个别不法分子利用程序具有绝对开放性，不管是企业还是个人，都可以自行开发小程序，导入微信平台供用户使用的特征，打起了"骗钱"的主意，使得微信小程序变成诈骗的温床。嫌疑人发布相关信息吸引受害人关注，与受害人交谈后骗得其信任，并到微信小程序上充值、购物或投资，骗取受害人钱款。有些小程序更隐蔽，不直接骗钱，而是收集用户个人信息贩卖牟利。此类案件由于案值小，不易查处。被骗者无论数额多少，都可以报警后由公安机关调查处理。如果被骗金额较大，则属于诈骗罪。因此面对花样翻新的小程序，在使用微信小程序时，一定要提高警惕，以免遭受损失。

【关联法条】

《刑法》第二百六十六条　诈骗公私财物，数额较大的，处三年以下有期徒刑、拘役或者管制，并处或者单处罚金；数额巨大或者有其他严重情节的，处三年以上十年以下有期徒刑，并处罚金；数额特别巨大或者有其他特别严重情节的，处十年以上有期徒刑或者无期徒刑，并处罚金或者没收财产。本法另有规定的，依照规定。

"你的营业执照已失效"，信以为真巨额存款被转走怎么办？

【案例】

王先生的手机上忽然接到一条短信，上面写着："市场监督管理提示您，您的营业执照显示状态无效。11月28日前登录bhhhgk.cc上传资料，否则将限制营业。"作为一家店铺经营者的王先生看到短信后心急了，马上点中了短信中的链接，之后手机进入了一家"统一企业执照信息管理系统"的网站，王先生输入自己的店铺名称后登录进去，网站提示需要认证和完善银行卡信息，页面跳转到银行卡页面，王先生又按提示输入了银行卡号、持卡人姓名、手机号、身份证号等信息，并输入验证码。手机收到验证码后，王先生在网站上输入验证码，提交后两分钟，系统弹出"信息验证失败，请更换银行卡后重新输入"的信息，但是手机却收到银行发来的余额变动提示，自己卡里的8万多元只剩下不到100元。遇到这种情况，王先生该怎么办？

【法律解析】

王先生收到的信息其实是电信诈骗分子冒充市场监督管理部门发送

的，短信中的网址实际上是伪造的钓鱼网站。这种短信诈骗主要是通过"虚假短信＋钓鱼网站＋填写个人信息＋盗刷"的方式实施的，国家对于企业执照信息查询的正规网站是"国家企业信用信息公开系统"，网址为 http://www.gsxt.gov.cn/index.html，网址中通常会带有"gov"字样，而不是什么"统一企业执照信息管理系统"。而钓鱼网站上所挂的银行卡界面则是骗子伪装的网上支付页面，在输入银行卡、密码、验证码信息后，卡里的金额一下子就被转走了。目前我国企业营业执照的年检均采用网上申报形式，年检时也不会要求企业主输入银行卡等信息。企业主如收到以"市场监督管理"名义发来的信息，要求登录来历不明网站认证企业经营信息的，请一定提高警惕，不要点击短信中的钓鱼链接，不要在不明网站中输入银行卡号、身份证号、手机号、验证码等信息，谨防遭到电信诈骗。当不能辨别真假时，可向市场监管部门进行求证，一旦发现被骗立即报警。

【法条链接】

《企业信息公示暂行条例》第八条　企业应当于每年1月1日至6月30日，通过企业信用信息公示系统向工商行政管理部门报送上一年度年度报告，并向社会公示。当年设立登记的企业，自下一年起报送并公示年度报告。

《刑法》第二百六十六条　诈骗公私财物，数额较大的，处三年以下有期徒刑、拘役或者管制，并处或者单处罚金；数额巨大或者有其他严重情节的，处三年以上十年以下有期徒刑，并处罚金；数额特别巨大或者有其他特别严重情节的，处十年以上有期徒刑或者无期徒刑，并处罚金或者没收财产。本法另有规定的，依照规定。

等级会员制"线上商城"竟是网络传销，你会识别吗？

【案例】

2020年3月，浙江某健康产业有限公司与某网络科技有限公司签订《系统开发合同》，委托该公司协助开发微信公众号、公众号内部"线上商城"系统。当事人通过"线上商城"开展业务活动，销售食品、日化用品等商品。"线上商城"实行会员制度，共制定5种会员级别。普通微信用户向当事人交纳 189 元即可成为健康天使，享有每日以固定单价 18 元选购一款商城商品的权益。健康天使进一步交纳 188 元、1980 元、9800 元、39800 元等不同数额的会员费，可分别晋升上一级别。2020 年 7 月，有会员向杭州市西湖区市场监管局举报浙江某健康产业有限公司经营的"线上商城"相关商业模式属于传销。执法人员对其进行检查，对该健康产业公司涉嫌组织开展传销活动立案调查。经查明：截至被查获，当事人共发展会员 858 人，当事人线上商城经营收入 84.82 万元，会员收益支出共 46.9 万元，已售商品进货总价 21.01 万元。

【法律解析】

当事人的经营行为违反了《禁止传销条例》第七条的规定，属于传销行为。与传统传销相比，网络传销隐蔽性更强。发展会员都是在网络上进行，会员必须通过网站才能加入传销。由于会员发展下线的情况只反映在互联网上，再加上会员在传销方式上保持单线联系，工商部门查处时，根本无法查证公司网站的真实信息和会员的真实身份，仅凭网络上的信息，要追查上线具有极高的难度。根据《禁止传销条例》第二十四条规定，组织者或者经营者通过发展人员，要求被发展人员交纳费用或者以认购商品等方式变相交纳费用，取得加入或者发展其他人员加入的资格，牟取非法利益的，属于传销行为。

【法条链接】

《禁止传销条例》第七条　下列行为，属于传销行为：

（一）组织者或者经营者通过发展人员，要求被发展人员发展其他人员加入，对发展的人员以其直接或者间接滚动发展的人员数量为依据计算和给付报酬（包括物质奖励和其他经济利益，下同），牟取非法利益的；

（二）组织者或者经营者通过发展人员，要求被发展人员交纳费用或者以认购商品等方式变相交纳费用，取得加入或者发展其他人员加入的资格，牟取非法利益的；

（三）组织者或者经营者通过发展人员，要求被发展人员发展其他人员加入，形成上下线关系，并以下线的销售业绩为依据计算和给付上线报酬，牟取非法利益的。

图书在版编目（CIP）数据

法律常识一本全 / 春之霖编著 . -- 北京：中华工
商联合出版社，2021.5
ISBN 978-7-5158-3015-5

Ⅰ . ①法… Ⅱ . ①春… Ⅲ . ①法律－基本知识－中国
Ⅳ . ① D920.5

中国版本图书馆 CIP 数据核字（2021）第 064810 号

法律常识一本全

编　　著：	春之霖
出 品 人：	刘　刚
责任编辑：	吴建新
封面设计：	冬　凡
责任审读：	李　征
责任印制：	陈德松
出版发行：	中华工商联合出版社有限责任公司
印　　刷：	三河市华成印务有限公司
版　　次：	2021 年 5 月第 1 版
印　　次：	2025 年 5 月第 11 次印刷
开　　本：	880mm×1230mm　1/32
字　　数：	253 千字
印　　张：	8
书　　号：	ISBN 978-7-5158-3015-5
定　　价：	38.00 元

服务热线：010 — 58301130 — 0（前台）

销售热线：010 — 58302977（网店部）

　　　　　010 — 58302166（门店部）

　　　　　010 — 58302837（馆配部、新媒体部）

　　　　　010 — 58302813（团购部）

地址邮编：北京市西城区西环广场 A 座

　　　　　19 — 20 层，100044

http://www.chgslcbs.cn

投稿热线：010 — 58302907（总编室）

投稿邮箱：1621239583@qq.com